☞ **«Ich will mich aber aufregen!»** – Wie oft möchte man toben, wüten, schreien und wird höflich gebeten, es doch seinzulassen. Dabei gibt es Anlässe genug. Überall finden sich Nervtöter, Vordrängler, Ausbremser, Warteschlangen-Verlängerer, Parkplatz-Klauer. Dietmar Bittrich – Experte für böse Unterhaltung – sagt: Lass es raus! Höre auf dein inneres Rumpelstilzchen! Und falls es gerade keinen Anlass zum Aufregen gibt, in diesem Buch findest du garantiert einen.

☞ **Dietmar Bittrich,** Jahrgang 1958, lebt in Hamburg. Er gewann den Hamburger Satirikerpreis und den Preis des Hamburger Senats. Im Rowohlt Taschenbuch Verlag sind von ihm u. a. *Das Weihnachtshasser-Buch, Achtung, Gutmenschen!, 1000 Orte, die man knicken kann* und die Anthologien *Weihnachten mit der buckligen Verwandtschaft* sowie *Aber erst wird gegessen* erschienen.

Dietmar Bittrich

DER GROßE KOTZ

1000 ganz legale Aufregertipps

Rowohlt Taschenbuch Verlag

Originalausgabe

Veröffentlicht im Rowohlt Taschenbuch Verlag,
Reinbek bei Hamburg, Juni 2014
Copyright © 2014 by Rowohlt Verlag GmbH,
Reinbek bei Hamburg
Umschlaggestaltung ZERO Werbeagentur, München
(Umschlagabbildung: FinePic, München)
Satz aus der Edita, InDesign,
bei Dörlemann Satz, Lemförde
Druck und Bindung CPI books GmbH, Leck
Printed in Germany
ISBN 978 3 499 63054 5

Das für dieses Buch verwendete FSC®-zertifizierte Papier
Lux Cream liefert Stora Enso, Finnland.

Inhalt

ERSTER STRESSTEST

Ärgern macht glücklich. Es hält fit. Es macht schlau. Es fördert die Durchblutung der Muskulatur. Es beschleunigt die Kommunikation der Gehirnzellen. Wer sich aufregt, ist intelligenter und kreativer als andere. Deshalb gibt es keine überflüssige Aufregung. Im Gegenteil. Sich *nicht* aufzuregen ist vergeudete Lebenszeit. Her mit den Nervereien! Jeder Anlass ist willkommen. Mal schauen, was heute dran sein könnte! Hier ist schon mal die erste Checkliste für die Zeit vor dem Frühstück. Schon beim Gedanken an diese Punkte steigen IQ und EQ, Einfallsreichtum und Widerstandskraft. Also, was wird heute wohl am nervigsten sein?

DAS WIRD DICH HEUTE NERVEN

☞ **dein Partner,** der am Morgen nicht mehr ganz so gut riecht wie am vergangenen Abend;

☞ **der Spiegel,** der dich exakt so zeigt, wie du nie aussehen wolltest;

☞ **das Wetter,** das dir die nächste Blasenentzündung einfüllen wird oder dein Deo total versagen lässt;

☞ **der Nachbar,** der seinen Müllberg so in den Hausmülleimer stopft, dass für dein Tütchen kein Platz mehr bleibt;

☞ **die Ampel,** die so sadistisch ist, dass sich eine extralange Autoschlange vor deinen Augen vorbeischiebt, bis die Kreuzung verstopft ist und du auch bei Grün nicht losfahren kannst;

☞ **die Leute im Bus,** die ihren MP3-Schrott hören und dabei so bescheuert aussehen, als führen sie zum Irrenhaus-Casting;

☞ **die Bahn,** die sich verspätet und nach einigen Minuten noch mal verspätet, weshalb die Herde auf dem Bahnsteig so anwächst, dass die Atemluft in den Abteilen binnen weniger Sekunden abgesaugt sein wird;

☞ **die Arbeit,** bei der du alle Unterlagen findest, nur nicht die vom Chef geforderten, während der neue Kollege unter großem Applaus Witze für Dummies reißt;

☞ **die Warteschleife,** in der dein Anruf landet und in der du stundenlang mit einer stumpfsinnigen Melodie im Dauerrepeat hingehalten wirst;

☞ **der Mittagsfraß,** der mit dem Text auf der Speisekarte so wenig zu tun hat wie dein letztes Urlaubshotel mit der Beschreibung im Reiseportal;

☞ **der eingerissene Mundwinkel,** der dein unbeschwertes Lachen auf ein verkniffenes Lächeln reduziert und das Essen zur Schmerzprüfung macht;

☞ **der leere Handtuchspender** im WC, der dich zwingt, mit nassen Fingern nach einem Papiertaschentuch zu suchen oder die Hände gleich an deinen Kleidern abzutrocknen;

☞ **deine Konkurrentin im Büro,** die dermaßen gute Laune hat, dass dir übel wird;

☞ **die Kassiererin im Supermarkt,** die die Kassenrolle erneuern muss, nach längerem Stöbern ermittelt, dass kein Ersatz vorrätig ist, und die dann den Verkaufsleiter per Mikrofon ausruft, die Achseln zuckt und dir zulächelt, während du um Jahre alterst;

☞ **der Verkäufer der Obdachlosenzeitung,** der dich wie einen alten Kumpel begrüßt, damit du mit schlechtem Gewissen vorbeischleichst, wenn du es überhaupt wagst, ohne Spende weiterzugehen;

☞ **der Radfahrer,** der dich zwingt, deine Spur auf dem Fußweg zu verlassen, und zum Dank spritzend durch die Pfütze rauscht;

☞ **der Inhalt des Briefkastens,** den du unters Kinn klemmst, weil du Einkaufstüten in beiden Händen trägst, und der dann auf den Fußboden klatscht und sich im Flur verteilt, während dein Hassnachbar lächelnd vorüberschreitet;

☞ **der Kontoauszug,** auf dem ein unsichtbares STOPP aufflammt;

☞ **der Anruf deiner Mutter,** deren Nummer auf dem Display dir Magendrücken, Haarausfall und Ohrensausen verursacht;

☞ **der Henkel der Konservendose,** der abbricht, aber so, dass durch ein winziges Loch noch die Tomatensoße als Fontäne herausspritzen kann;

☞ **die Absage,** die dich erreicht, als du die Alternative gerade gekippt hast;

☞ **das Fernsehprogramm,** das dieselben News wiederkäut, die abgenudelten Filme wiederholt und die immer gleichen ranzigen Talkshowgäste zur Verblödung freigibt;

☞ **die Facebook-Freunde,** die deinen hochintelligenten, originellen und witzigen Beitrag mal wieder völlig missverstehen und geschlossen zum Mobbing ansetzen;

☞ **die Leute im Kino,** die sich laut unterhalten, Popcorn in deinen Nacken husten und enthusiastisch an Stellen losbrüllen, an denen du absolut nichts Lustiges entdecken kannst;

☞ **der Film,** der so verschachtelt konstruiert ist, dass du ihn nicht kapierst, oder vielmehr: Jetzt willst du ihn auch gar nicht mehr kapieren;

☞ **das Fernglas,** mit dem du abends die erleuchteten Fenster absuchst und das dir keine einzige skandalöse Szene zeigt.

DEN TAG ANBRECHEN

Aufzuwachen ist ärgerlich genug. Ausgerechnet *morgens* aufzuwachen ist besonders unpassend. Hat dir jemals eine Morgenstunde Gold in den Mund gelegt? Nein. Immer nur Belag auf die Zunge. Dazu kommen der schwere Kopf und die schmerzenden Glieder. Nach Untersuchungen des Fraunhofer-Instituts für Tageszeitenforschung ist der Morgen schlicht ungeeignet für den Beginn eines Tages. Wer könne, solle später anfangen. Doch morgendliches Aufwachen ist schwer zu verhindern. Ganz zu schweigen von dem, was sich daran anschließt und was viel schwieriger ist: das Aufstehen. Nicht alles daran nervt. Nur fast alles.

☞ **Der Wecker.** Egal ob er brummt oder klingelt, trötet oder flötet, er tut es zur Unzeit. Und lernt er etwa dazu? Nein! Nicht mal aus Schmerzen! Gut ein Fünftel der Jahresproduktion von Weckern geht in den Morgenstunden zu Bruch. Fast immer beim Versuch, das Lärmen zum Schweigen zu bringen. Den Rekord im Weckerzerwerfen hielt lange ein gewisser Lord Calverton. Allein im Jahre 1973 zerstörte er insgesamt 127 mechanische Weckuhren und schaffte angeblich in den folgenden Jahren noch mehr. Doch da war diese Art Spitzenleistung schon wieder aus dem Guinness-Buch gestrichen worden. Ab morgen bringst du sie wieder rein!

☛ **Der Körper.** Dein Körper will aufgeben. Und du verstehst ihn. Selbst wenn er noch nicht viele Jahre hinter sich hat – es reicht ihm. Er hat genug. Seine morgendlichen Signale: Schwärze, Schwindel, Schlappheit, Schmerzen. Jetzt rächt sich, dass du ihn mit Sport gefoltert hast. Seit du die bestgetesteten Laufschuhe hast, tun die Füße weh. Die Achillessehnen werden nie mehr glücklich werden. Deine Knie sind schlecht geschmiert. Die Hüfte quietscht. Du wirst sie irgendwann ersetzen können. Aber das klappt nicht mit allen knackenden Gelenken, nicht mit der Wirbelsäule, dem verspannten Nacken. Deine gesamte Muskulatur zeigt am Morgen, was sie von all deinem Yoga und Pilates oder einfach nur Treppensteigen hält: gar nichts, aber absolut nichts.

☛ **Dein Partner.** Gestern mag er oder sie noch einigermaßen akzeptabel gewesen sein. Am Morgen nicht mehr. Nicht nachdem er oder sie die ganze Nacht gewühlt, geschnarcht, geröchelt hat. Rinnt da noch ein Speichelfaden aus dem Mundwinkel? Oder kommt das erst beim Schlaganfall? So jung er sein mag, morgens sieht er so verquollen aus wie Boris Becker nach der ersten Zigarre. Und er riecht auch so. Er hat keine Zahnbürste am Bett, keinen Zungenschaber. Kann er sich wenigstens wegdrehen und woandershin atmen? Oder ist er gar nicht mehr da? Ist er bereits aufgestanden, lärmt und rasselt er in der Wohnung, damit auch du erwachst? Er muss aus dem Haus, aber du könntest noch schlafen. Das mag er nicht. Was für ein Nervbold! Oder ist es umgekehrt? Du musst aufstehen, weil du ehrliche Arbeit hast, und dieser Schlaffsack will weiter im Bett siffen? Sollst du seiner Hoheit womöglich noch das Frühstück hinstellen? Ätzendst! Es gibt ein Liebesgedicht über Partnerschaften am Morgen. Es stammt von George Sand. Sie war die Gefährtin des Glamour-Pianisten Chopin. Hier ihre Verse in aktueller Übersetzung:

Im Doppelbett
Die Sterne sind verblichen,
Bald muss es Morgen sein.
Da – ! ? Ist dir was entwichen?
Das muss vom Knoblauch sein!
Du hüllst dich in die Decke,
Als lägst du tief im Schlaf.
Doch hobst du sie zum Zwecke,
Dass mich dein Darmwind traf.
Herr, Gnade! Selbst Gespenster
Verlassen jetzt den Raum.
Wie öffne ich das Fenster?
Die Kraft bleibt mir ja kaum.
Woher bekomm ich Sauerstoff?
Wer reicht mir einen Schlauch?
Und was dir aus dem Munde troff,
Vermischt sich mit dem Hauch
Der Pest, die dich umwabert.
Schon knattert's wieder raus!

Das Loch, das sonst nur labert,
Strömt saure Fäulnis aus.
Grenzwert? Längst überschritten.
Im Dunst, der dich umgibt.
Doch gleich ist ausgelitten.
Erstickt, die dich geliebt.

☞ **Der Spiegel.** Wer morgens in den Spiegel sieht, kann nicht mehr an Gott glauben, stellte die Alkoholtesterin Liz Taylor fest. Gott oder nicht, beim verfrühten Blick in den Spiegel kommen Glaube, Liebe, Hoffnung abhanden. Die Figur, in der Horizontalen noch halbwegs schlank, verrutscht in der Vertikalen an allen verrutschbaren Stellen. Das Gesicht, am Abend zuvor noch ebenmäßig und leuchtend, ist von den Knitterfalten des Kissens verwüstet, wenn das nicht die Knitterfalten des Alters sind. Die Haut zeigt den Grauton abgelebten Lebens. Es geht nicht nur dir so. Primaten, denen der Tierpfleger einen Spiegel hinhält, betrachten sich nachmittags und abends gern darin. Zeigt er ihn morgens, zerstören sie ihn. Den Spiegel. Und wenn sie gut drauf sind, auch den Wärter.

☞ **Die Waage.** Der Fußboden in deinem Badezimmer fällt nach einer Seite hin ab. Nur durch diese Schräge ist zu erklären, dass die Waage beharrlich ein übertriebenes Gewicht anzeigt. Es gibt absolut keinen Grund, sich schon morgens draufzustellen. Und doch tust du es, bis sie, wie es einst der fetten Sängerin Mama Cass geschah, unter deinem Gewicht zerspringt. Bis dahin setzt du dich der quälenden Diagnose aus, womöglich samt Analyse deines Wasser-, Muskel-, Fett- und Knochenanteils. Kannibalen benutzen solche Waagen vor dem Kochen evangelikaler Missionare. Warum tust du es? Weil du dich gern ein bisschen quälst und folterst!

Und das kommt noch dazu:

☞ **Die Zahnbürste,** die rätselhafterweise morgens noch feucht ist, obwohl du dir abends nicht mehr die Zähne geputzt hast. Welche Keime haben sich da selbstlos für dich am Leben gehalten?

☞ **Der leere Brötchenkorb,** der schmerzlich daran erinnert, dass jemand hätte Brötchen holen können, wenn es nur jemanden gäbe, der dazu bereit wäre.

☞ **Die Küche,** die von niemandem aufgeräumt wurde.

☞ **Die Geräusche** aus dem Treppenhaus, die von Leuten stammen, die aus irgendeinem Grund aufgeweckter sind als du und denen du deshalb auf keinen Fall begegnen möchtest.

☞ Der Blick auf den **Schreibtisch.** Auf all die Papiere, die nach Erledigung verlangen, die auf Bezahlung, Antwort oder Widerspruch warten. Am Abend konntest du ihre unausgesprochene Forderung übersehen. Morgens trifft sie dich im Magen.

☞ Das Zappen durch die **Morgenprogramme.** Überall tun Leute so, als seien sie schon lange putzmunter, und checken topfrisch die Welt, um dich zu mahnen, zu warnen oder wenigstens wach zu schocken.

☞ **Die Aussicht.** Draußen vor dem Fenster wartet etwas, das einfach zu viel ist für dich: der Tag, die Welt, die anderen. Muss das sein? Jeden Morgen wieder? Shit.

Bescheuerte Weisheiten

☞ **Der frühe Vogel fängt den Wurm.** – Kein Wurm steht morgens auf und kriecht ans Tageslicht, um die Vögel singen zu hören. Würmer kommen an die Erdoberfläche, wenn es regnet, denn dann wird im Boden der Sauerstoff rar. Frühe Vögel sind dann schon wieder müde und ziehen sich ins Nest zurück – falls sie noch die Kraft dazu haben. In Brasilien heißt das Sprichwort richtiger: «Den frühen Vogel fängt die Katze.» Das entspricht der Weisheit: «Die zweite Maus kriegt den Käse.» Denn die erste wird von der Falle erschlagen. Dazu passt, dass Leute, die vom Burnout erwischt werden, fast ausnahmslos Frühaufsteher sind oder waren. Genauso der frühe Vogel: Er wird einfach früher gefressen. Freut sich der Wurm. Und du kannst wieder ins Bett gehen.

☞ **Jeden Morgen geht die Sonne auf.** – Volkslied. Verantwortlich für den Text zeichnet der schnarchsäckige Dichter Hermann Claudius, der immer erst zum Mittagessen aufstand. Sein Urahn Matthias Claudius war übrigens ein reiner Nachtmensch; «Der Mond ist aufgegangen» war sein Morgenlied. Hermann Claudius verdankte seine Behauptung dem Studium astronomischer Tabellen, denen zufolge angeblich jeden Tag tatsächlich ein Sonnenaufgang stattfindet. Das ist graue Theorie. Claudius lebte in Hamburg, wo die Sonne nur an einunddreißig Tagen im Jahr morgens zu sehen ist. An 334 Tagen nicht. Also: «An jedem zehnten Morgen geht die Sonne auf», das kommt knapp hin. Das Lied nervt. Der Dichter nervt. Du kannst im Bett bleiben.

☞ **Ein Spaziergang am frühen Morgen ist ein Segen für den ganzen Tag.** – Henry David Thoreau. Diesen in Amerika verbreiteten Satz schrieb der selbsternannte Philosoph Thoreau in einem Brief an die Mutter seiner Geliebten Mary Russell. Und das tat er im Februar 1841, als ganz Neuengland von Blitzeis heimgesucht worden war. Mrs. Russell sollte sich bitte frühmorgens auf die spiegelglatten Wege wagen. Der Segen, den Thoreau sich davon erhoffte: dass sie sich das Genick brechen und nicht mehr auf Heirat mit ihrer Tochter drängen würde. Und der Wunsch ging in Erfüllung! Top! Bei ähnlicher Gelegenheit darfst du diese philosophische Meisterweisheit ebenfalls verwenden.

Frühes Aufregen: Tipps & Tricks

Dass die gewohnte Welt wieder erscheint, ist eigentlich schon nervig genug. Doch dein Körper kommt nicht ohne weiteres in den Ätz-und-Ärger-Modus. Das System fährt nur stockend hoch. Der Zustand wohligen Friedens will nicht schnell genug weichen. Dem kannst du abhelfen. Andere haben es vor dir geschafft.

☞ **Du trittst als Diener auf.** Queen Victoria, die zentnerschwere Gouvernante des britischen Imperiums, ließ sich niemals von einer sanften Kammerzofe wecken. Ein hässlicher Butler musste es sein. Reihum wurden die abschreckendsten Gestalten der Dienerschaft auserkoren. Zur vereinbarten Morgenstunde musste einer der Fratzenmänner ans Bett der Schnarchenden treten und sich mit rauem Räuspern über sie beugen. Kaum erblinzelte Queen Vicky die garstigen Züge, war sie kreischend wach und kampfbereit. Super gemacht! Du brauchst keinen hässlichen Diener. Aber du magst vielleicht selber einer sein. Für deinen Partner, der die ganze Nacht über gewühlt und geschnarcht hat, greifst du tief in die Kiste und setzt deine Pferdekopf-, Schimpansen- oder Werwolf-Maske auf. Bitte nicht auf Billigvarianten aus Glanzkarton mit Gummiband zurückgreifen! Die schläfern nur ein. Geeignet sind lediglich mimisch bewegliche Exemplare aus Latex und Kunstfell. Es gibt sie auch als Screamface, Totenkopf und Camilla Parker-Bowles. Aufwecken, in Panik geraten, glücklich sein. Wie bitte? Dein Partner ist gerade ausgezogen? Erleichterung! Aber dann gönnst du dir vielleicht selbst das Vergnügen? Lege eine Zombiemaske auf das leer gewordene Kissen neben dir. Der Blick am Morgen reißt dich blitzschnell aus der Schlaftrunkenheit. Hol dir Freddy Krueger, den Gorillaschädel, Frankenstein, Balotelli und den abgetrennten Kopf (aus Latex). Die Masken sind erschwinglich und werden dir auch bei einem fälligen Bankraub oder beim Besuch im Altersheim nützlich sein.

☛ **Aufwachen zum Schnäppchenpreis: mit Klingeltönen.** Kostenlos zum Download bereit stehen Kreissäge, Laubpuster, zahnärztlicher Bohrer, Rottweiler im Angriff, rückkoppelndes Mikrofon, brüllende Babys, bremsende Züge, an Glas geriebener Schaumstoff, Erbrechen eines Komasäufers sowie der Gesang von Bob Dylan. Doch du kannst auch leicht selbst gruseltaugliche Aufnahmen herstellen und als Weckton einrichten: den Anruf von Mutter oder Schwiegermutter, das Flötenspiel vom Weihnachtsfest, das Vaterunser aus dem Rundfunkgottesdienst, die Müllabfuhr vor deinem Fenster, das grausame Gelächter deiner Chefin, heimlich per Smartphone aufgenommen. Rat des Fraunhofer-Instituts für

Tageszeitenforschung: Nicht jeden Tag denselben Ton verwenden. Random-Wecken einstellen.

☞ **Umweltfreundlich erwachen: mit Tieren.** Wenn du schon ökologisch lebst, haben sich bereits ganz von selbst die Rudel der Silberfische, Wollkäfer, Motten und Kakerlaken vermehrt. Aber reichen diese Haustiere, um deinen Puls zu beschleunigen? Anfangs schon. Danach musst du zu lauteren Lebewesen übergehen. Du kannst dir einen Hamster anschaffen, der zuverlässig Radau macht, sobald ein Mensch in seiner Nähe die erste Tiefschlafphase erreicht. Er knabbert an allen knabberbaren Teilen seiner Umgebung, trainiert Marathon im Rad, malträtiert seinen Napf und buddelt Gänge. Als kuschelige Alternative empfehlen sich Kaninchen in originaler oder Zwergform, die noch vor Sonnenaufgang durchs Gehege rasen und sich gegen das Gitter werfen. Als Blutdruckstimulator bewährt hat sich eine Katze. Sie beginnt gegen vier Uhr morgens zu kratzen, rennt maunzend durch die Wohnung und absolviert die genetisch vorgeschriebenen Sprungübungen. Ein Kater macht durch Heulen, Gurren, Schreien auf sich aufmerksam und randaliert, sobald draußen ein Vogel den Schnabel aufmacht. Alternativ kratzt er am Teppich, jagt Fussel durch die Wohnung oder springt auf Tische, um deine Gläser und Flaschen vom Vorabend umzustoßen. Die Leute, die unter dir wohnen, finden diese Geräusche genauso belebend wie du selbst. Aber auch für die anderen Nachbarn solltest du etwas tun. Dazu benötigst du einen Hund. Und zwar einen, der an der Tür kratzt und fiept, wenn er zu dir ins Bett will, der winselt, wenn er Hunger verspürt, der jault, wenn er Sehnsucht hat, und der bellt, wenn er gute, schlechte oder gar keine Laune hat. Das macht nicht nur dir Spaß, das gefällt dem ganzen Haus, ja sogar der Straße. Okay – Haustierbesitzer sind laut Statistik dick, dumm und haben eine geringe Lebenserwartung. Aber die Lebenserwartung ihrer Nachbarn ist noch geringer!

Wahre Weisheiten

«Das beste Mittel, jeden Tag gut zu beginnen, ist, beim Erwachen daran zu denken, ob man nicht wenigstens *einem* Menschen die Laune verderben könnte.»

Anselm von Canterbury, Theologe

«Hinter dem Schleier der Nacht verbirgt sich das Ungeheuer des Morgens.» **Weisheit der Aborigines**

«Wenn wir uns morgens unsere Tagesaufgaben vor Augen führen, fällt es leichter, gleich wieder ins Bett zu gehen.» **William Burroughs, Poet**

«Es reicht aus, wenn die Vögel was tun.»

Queen Mum, angelsächsische Langschläferin

«Dein Nachbar kratzt morgens länger an seinem Auto, wenn du es am Abend vorher mit Wasser begießt.»

Polnische Winterweisheit

«Ein Tag, der morgens beginnt, kann nicht mehr gut werden.» **Ernest Hemingway, Autor**

20 Gesprächsthemen,
die dich heute nerven könnten

- Organspendeausweis
- Hochbegabte Kinder
- Rentenversicherung
- Innovatives Design
- Britisches Königshaus
- Cellulite
- Partnerbeziehung
- Biokraftstoff
- Selbstverständnis der Deutschen
- Problemzonen
- Burnout
- Mülltrennung
- Soziale Kälte
- Steuererklärung
- Politische Kultur
- Spendenaufruf
- Vergangenheitsbewältigung
- Unterschriftenaktion
- Aufregende Theaterinszenierung
- Ökobilanz

DOWN AND OUT IN BUS UND BAHN

Dir ist schon wieder der Führerschein entzogen worden. Oder dein Auto ist in der Reparatur. Nun bleibt dir nichts anderes übrig, als den Planeten zu retten. Du musst öffentliche Verkehrsmittel benutzen. Bus, U-Bahn, S-Bahn, Straßenbahn. Aber was heißt: du «musst»? Du liebst das! Du siehst dich willkommen geheißen von freundlichen Fahrern, fühlst dich eins mit sympathischen Fahrgästen. Du genießt die allgemeinen Beförderungsbedingungen.

☞ **Du hörst Musik.** Und zwar neue Musik. Musik, die dir die Ohren öffnet. Im Auto hast du nur deine Anlage. Da hörst du, was du sowieso immer hörst. In Bus und Bahn wird dir etwas anderes geboten. Wenn du Justin Bieber hasst, wird es Justin Bieber sein. Wenn du Miley Cyrus zum Würgen findest, bekommst du Miley Cyrus. Und du wirst kostenlos beschallt! Vielleicht kriegst du nur das Schlagzeug mit, weil nichts anderes nach außen dringt aus dem Kopfhörer von dem Typen drei Reihen vor dir. Aber mit etwas Glück sitzt du direkt neben jemandem, der den Boomsound im Handy und den Bass-Booster in den Headphones hat und der jetzt mal checken will, wie viel die Leute im nächsten Wagen und draußen jenseits der Gleise davon mitkriegen.

☞ **Du isst mit.** Auf dem Bahnhof hattest du kein Geld für einen Burger oder keine Zeit mehr, dich anzustellen. Macht nichts! Schon setzt sich jemand mit einer dampfenden Tüte Pommes unaufgefordert neben dich. Hey, super! Der Geruch von Frittenfett wabert auf dich zu, hüllt dich ein. Das sättigt schon mal. Die Burgerzwiebeln von der Schwitzwampe gegenüber spenden die Würze dazu. Lass die Gürkchen und Tomatenschnipsel, die der Dicken links bei jedem Biss aus dem Mund fallen, ruhig auf dem Boden liegen. Denn du bist ja schon fast satt. Jetzt nur noch den Mief vom Döner dazu, frisch abgesäbelt von einem Spieß authentischen Gammelfleisches. Und mit etwas Glück schüttet dir noch jemand Coffee to go über die Hose. And that's it! An diesem Tag brauchst du nichts mehr zu essen. Du könntest es auch gar nicht.

☞ **Du erfährst Neuigkeiten.** Und zwar aus dem Leben der anderen. Du musst nicht erst deinen Facebook-Account checken. Alles, was deine ziemlich unbekannten Freundinnen und Freunde mit ihren Eltern, Partnern, Katzen, Nachbarn, Autos und Dildos erleben, erfährst du hier live und in 3-D. Die Netzwerker erzählen es laut in ihre Telefone. Sie gestikulieren sogar dabei. Welchen Film sie bescheuert finden, welchen Song sie so was von nicht mehr hören können, welche Probleme ihre Partner haben und welche Monatsbeschwerden sie selber, was sie rülpsen macht, was sie kotzen lässt und dass sie gleich aufs Klo müssen, noch ehe die Bahn hält – sie rufen es in das Mikrophon, dessen Öffnung so winzig ist, dass sie vorsichtshalber schreien, damit notfalls die herkömmliche Schallübertragung funktioniert. Diese Leute sind leidenschaftlich dagegen, dass amerikanische Sicherheitsbehörden ihre Telefonate überwachen. Dass du und alle anderen im Abteil mithören dürfen, ist deshalb eine besondere Ehre. Du weißt das zu würdigen.

☞ **Du sparst Zeit.** Bisher hast du gedacht, bestimmte Tätigkeiten müsstest du zu Hause erledigen. Das hat dich wertvolle Sekunden gekostet, ja, ganze Minuten, auf die es morgens ankommt. Jetzt erkennst du: Augenbrauen zupfen, Nägel schneiden, Ohrenschmalz entfernen, Zahnzwischenräume reinigen, Popel ausgraben, beäugen, entsorgen – all das kann auch in Bus und Bahn stattfinden. Denn es findet statt. Sieh ruhig genau hin. Die Leute hier mögen Zuschauer. Und wenn es darum geht, ihre Füße zu lüften oder die Socken zu wechseln, sei ihnen gern behilflich. Sofern du mit deinen eigenen Socken schon fertig bist.

☞ **Du wirst Artist.** Als Kind hast du davon geträumt, im Zirkus aufzutreten. Du wolltest Akrobat werden. Später Extremkletterer. Die Gelegenheit hat sich nie ergeben. Jetzt ist sie da, die ersehnte Herausforderung! Deine Personal Trainer sind hier. Sie haben Hindernisse mitgebracht, extra in der Rushhour, und sie haben sie so geschickt aufgebaut, dass du zu akrobatischen Kunststücken genötigt bist. Es handelt sich um Fahrräder. In den Stoßzeiten gern mehrere. Wenn sie anfangs noch nebeneinanderstanden, sind sie beim letzten Anbremsen vor dem Bahnhof übereinandergekippt. Ey, das ist die Challenge! Um die Tür zu erreichen, musst du rüberklettern über dies Gewirr. Und jetzt wirst du Akrobat! Geschickt nutzt du die Zwischenräume zwischen den Gestängen, balancierst wie ein Seiltänzer über die Rahmen, nimmst dich in Acht vor den schmierigen Ketten, meidest die gefährlichen Spieße der Lenker! Gut, du wirst sicher nicht an der Station aussteigen können, die dein Ziel war. Du schaffst den Parcours vermutlich nicht mal bis zu derjenigen danach, erst sehr viel später. Aber bis dahin hast du ein tolles Bravourstück hingelegt, jetzt bist du Extremkletterer, die Fahrradbesitzer nicken dir beifällig zu!

☞ **Du erlebst Top Acts.** Alle Eurovision-Song-Contester haben so angefangen, zumindest die aus dem Osten: als Straßenmusiker. Diejenigen, die in der Bahn auftreten, kommen aus Ländern, in die du freiwillig nicht reisen würdest. Genau deshalb sind sie zu dir gekommen. Sie haben den weiten Weg nicht gescheut. Für dich und deinesgleichen spielen sie ein leierndes Akkordeon oder eine verstimmte Gitarre oder ein quietschendes Blasinstrument oder alles zusammen. Und sie singen. Okay, zugegeben, die Menschenrechtskommission der Vereinten Nationen hat diese Musik als Folter zweiten Grades eingestuft und möchte sie ächten. Doch du hältst es aus. Es bleibt dir auch nichts anderes übrig. Du kannst höchstens die Spende verweigern. Bedenke aber, dass dir hier die Top Acts trübsinniger Länder geboten werden. Schalte beim nächsten Mal den Eurovision Song Contest ein. Da treten sie auf! Hallo – und du kennst sie!

☞ **Du kommunizierst feinstofflich.** Es mag sein, dass die meisten Fahrgäste schweigen und mit ihren Smartphones beschäftigt sind. Dennoch erspürst du, was sie bewegt. Neben dir sitzt ein Mensch, der noch die Solidarität mit der Arbeiterschaft alter Zeiten mit sich trägt; er strömt Leberwurst und Tilsiter aus. Gegenüber sitzt ein Freund der Umwelt. Wie du an seinem engagierten Atem erkennst, verzichtet er auf Zahnpasta in umweltschädlichen Plastiktuben und wohl auch auf fragwürdige Haarwaschmittel. Dort schlummert einer, der dem gesamten Abteil den Erwerb von Zigaretten erspart; er dünstet genügend Nikotin aus für alle. Von weiter hinten kommt die passende Promillezahl dazu. Diese Dame dort hält mehrere Katzen in ihrer Wohnung; die Tierliebe ist unauslöschlich in ihr Kostüm eingezogen. Und die da drüben hat ihren Hund mitgebracht. Sein Hecheln dient dem Fahrgastraum als energiesparender Luftbefeuchter. Niemand braucht etwas zu sagen. Du bist mit allen verbunden. Ihr seid beinahe eins.

☞ **Du lernst traditionelle Geselligkeit kennen.** Du bist digitalisiert. Total vernetzt. Deshalb ist es erfrischend für dich, Leute kennenzulernen, die noch auf herkömmliche Art miteinander reden. Sie setzen sich freiwillig zu dir. Es sind Wandervereine, Kegelclubs, Diskussionsgruppen, Lernteams. Sie debattieren, sie sind fröhlich, sie tauschen sich aus. Und zwar in genau der Lautstärke, die benötigt wird, um deine Kopfhörer zu übertönen. Kann auch sein, dass die Leute fünf Reihen entfernt sitzen. Macht nichts. Hauptsache, sie sind lebensfroh und witzig oder aufgeregt und empört und auf jeden Fall lauter als alle anderen. Diese Leute verkörpern das Leben. Deshalb bist du so dankbar. Und sie spüren deine Dankbarkeit. Vielleicht warst du einfach nur dankbar, dass du drei oder vier freie Plätze um dich herum hattest. Sie nehmen diese entspannte Aura wahr und setzen sich zu dir. Dann lachen, kreischen und brüllen sie los. Du wusstest nicht mehr, dass es das gibt.

☛ **Du wirst Therapeut.** Seit vielen Jahrzehnten wird behauptet, wir lebten in einem Zeitalter der Angst. Wahrscheinlich hast du noch nichts davon mitbekommen. Jetzt ist es so weit. In Bus und Bahn fährt die Angst mit. Warum, meinst du, schauen die Leute wohl alle weg? Besonders wenn sie einen freien Platz neben sich haben? Weil diese Menschen Angst vor dir haben! Sie haben sich extra auf einen Gangplatz gepflanzt, damit es jedem Neuankömmling, dir zum Beispiel, zu unbequem ist, sich an ihnen vorbeizuzwängen. Und damit du kapierst, dass dieser freie Fensterplatz ihnen gehört, haben sie ihn mit einer Einkaufstasche besetzt. Jetzt erwacht der Therapeut in dir. Egal, ob nur eine Plastiktüte oder ein zentnerschwerer Koffer den freien Platz belegt, du möchtest diesen Platz haben. Der widerrechtliche Besetzer muss aufstehen, dich durchlassen und sein Gepäck gefälligst auf den Schoß nehmen. Und schon ist er befreit von seiner Angst. Der Fluchtweg steht ihm als Gangsitzer weiterhin offen. Aber indem du dich lächelnd neben ihn setzt, lässt du ihn wissen, dass er sich nicht zu fürchten braucht. Jedenfalls nicht in diesem Augenblick. Du hast noch ganz andere Sachen drauf. Aber das weiß er nicht. Noch nicht.

Was du in Bus oder Bahn
auf keinen Fall tun wirst ...

... oder nur, wenn es angebracht ist:

- die Scheibe einer Bushaltestelle eintreten, weil der Bus nicht kommt
- beim Bremsen von Bus oder Bahn völlig versehentlich über jemanden stolpern
- dein Kaugummi an die Jacke des neben dir Stehenden kleben
- mit deinem Rucksack durch eine einzige Drehung zwei bis drei Personen ins Nirvana schicken
- mit einem Filzschreiber oder Lackstift jemandes Mantel verzieren
- den Platz neben dir mit einer Tasche belegen, weil du alte Besitzrechte hast
- jemandem mit den neuesten Grippeviren anniesen
- deine Nase am Kragen des Nebenmannes abputzen
- jemandem total unabsichtlich auf den Fuß treten
- das Handy einer betrunkenen Dauerkräherin aus dem Fenster werfen
- applaudieren, wenn jemand anderes das Handy einer Dauerkräherin aus dem Fenster wirft

Wenn andere gute Laune haben ...

... dann können sie anstrengend werden. Es ist hilfreich für sie – und natürlich auch für dich –, wenn sie wieder ein bisschen auf den Boden kommen. Die folgenden zwölf Fragen helfen dabei:

1. Sag mal, worüber bist du im Moment unglücklich?
2. Worüber könntest du dich ärgern, wenn du darüber nachdenkst?
3. Von wem bist du enttäuscht?
4. Was nimmst du besonders übel? Denke noch mal zurück!
5. Wen magst du nicht – und wer mag dich nicht?
6. Was deprimiert dich? Was lässt dich an der Welt verzweifeln?
7. Mit welchen Menschen bist du nur widerwillig zusammen?
8. Welches sind deine hässlichsten Erinnerungen?
9. Was machst du besonders ungern, musst es aber trotzdem machen?
10. An welchen Orten fühlst du dich besonders unwohl?
11. Wann warst du einmal besonders feige?
12. Was bereust du besonders? Was müsstest du ausbügeln, um ein reines Gewissen zu haben?

SUPERGEIL IM SUPERMARKT

Einkaufen ist immer wieder ein Abenteuer. Vor allem in einem Aktivmarkt, am besten an einem Samstag. Dass dir nach der Rückkehr auffällt, dass du die wichtigsten Dinge vergessen hast, gehört dazu. So etwas steigert den Reiz! Aber es gibt noch viel mehr Gründe, dieses supergeile Lebensgefühl zu entdecken.

☞ **Dein Chip klemmt.** Damit beginnt jeder gute Einkauf. Dein Chip verkantet sich im Schlitz des Einkaufswagens. Ja, der Wagen hat seinen eigenen Willen! Er will die Solidargemeinschaft mit seinen aufgereihten Kumpels nicht so mal eben verlassen. Aber du bist der Boss. Ziehen hilft, zumindest deiner Muskulatur, die durch wiederholte Anstrengungen zum Entwickeln neuer Zellen angeregt wird. Zerren und Rütteln haben sich ebenfalls bewährt als Wachstumsanreiz für deine Sehnen und Bänder. Mit etwas Glück entsteht dabei sogar eine echte Zerrung, wie bei Profisportlern. Guter Anfang!

☞ **Der Korb macht sich schwer.** In der Seele jedes Korbes schlummert etwas Höheres. Und das will sich zeigen. Deshalb macht der Korb sich während des Rundgangs schwer und schwerer und bald zu schwer. Der Grund sind nicht die nährstoffarmen Light-Produkte, die du hineinlegst, sondern der Ehrgeiz des Korbes. Er möchte Einkaufswagen werden. Gegönnt. Und nur falls du keine Zeit hast, ihm dabei zuzusehen, nimmst du gleich einen Wagen.

☞ **Der Wagen eiert.** Ein Rad schleift. Es klemmt. Es trudelt. Es quietscht. Sollst du umkehren? Wozu, wenn du andere mit dem Quietschen nerven kannst? Dein schlackernder Wagen ist Zeichen deiner ungewöhnlichen Persönlichkeit. Das Quietschen heißt so viel wie: Platz da! Das Navigieren mit dem schlingernden Gefährt vorbei an Dosentürmen, Flaschen, Pralinen-Displays und fetten Kunden ist genau die Herausforderung, die aus deinem Einkauf eine Erlebnisfahrt macht.

☞ **Der Griff ist verkeimt.** Du weißt nicht, wer vor dir seine Klebefinger am Griff des Wagens hatte. Du kannst nur sicher sein, dass diese Finger Keime trugen. Die Keime tummeln sich jetzt am Griff. Sie haben auf dich gewartet. Fäkalkeime, Feuchtkeime, Enterokokken. Erstens lecker, zweitens lange haltbar. Influenzaviren harren stundenlang an Griffen, Geländern, Geschirr aus, quicklebendig und infektiös. Dein Vorbenutzer hat sich nicht die Hände gewaschen, bevor er den Supermarkt betrat. Abschmieren am Griff reicht, hat er gedacht. Schnupper mal an deinen Händen. Ja, sie sind schon da ...

☞ **Ein Kind sitzt im Wagen.** Und wenn du Pech hast, ist es deines. Es biegt sich durch und brüllt. Du hast es mühsam in den Kindersitz gezwängt. Du wirst es nicht mehr herausziehen können. Der Schuh hat sich festgeklemmt. Ein Kapuzenband hat sich um die Querstange geknotet. Falls es bereits zu groß ist für den Kindersitz, hast du es mittig in den Wagen gesetzt und schaufelst es nach und nach mit deinen Einkäufen zu. Auf der Suche nach Süßigkeiten wird es Verpackungen aufreißen. Denk dran, der Barcode muss noch über den Scanner gezogen werden. Jemand raunzt dich an, die Schuhe im Wagen seien nicht gerade der Höhepunkt der Hygiene. Bitte ihn, dir beim Windelwechsel behilflich zu sein.

☞ **Der Markt hat ein Update hinter sich.** Das Licht ist erneuert worden. Die Waren leuchten noch bunter als vorher. Sie stehen noch dichter – und garantiert nicht mehr da, wo du sie bisher vermuten durftest. Die Mandeln gehören nicht mehr zu den Backzutaten, sondern neuerdings zum Biotreibstoff, und für den Weg zwischen Salz und Zucker hat der Marktdesigner die maximale Entfernung zwischen zwei Punkten ausgerechnet. Dinkel steht nicht mehr beim Getreide, sondern im Bioregal, Couscous bei ausländischen Spezialitäten, Bulgur ist ganz verschwunden. Dein Navi versagt. Dein Deo auch.

☞ **Der Verkäufer weiß von nichts.** Er wollte sowieso nicht Verkäufer werden, sondern Rapper und 3-D-Game-Programmierer. Stattdessen steht er nun vor einer Palette mit Hunderten von Verpackungen, die er ins Regal sortieren soll. Er mag nicht angesprochen werden. Vorgeblich voll konzentriert, späht er durch eine schmale Lücke ins Regal und durch eine weitere Lücke an dessen Rückseite und durch den Gang dahinter und durch weitere Regale und Säulen und Wände bis zum virtuellen Horizont. Das ist seine Meditation. Du konfrontierst ihn mit einer Frage nach Dosentomaten. Er starrt dich glasig an. Sachte jetzt. Entferne dich vorsichtig.

☞ **Jemand steht im Weg.** Du bist eingeklemmt zwischen einer Palette und einer ondulierten Silberlocke, die gerade Verpackungsaufdrucke auswendig lernt. Dazu benutzt sie die Lupe, mit der seniorenfreundliche Supermärkte ihre Wagen ausstatten. Schachtel für Schachtel hält Oma unter diese Lupe. Inhaltsangabe, Zusammensetzung, Haltbarkeit, Gewicht, es gibt ja auf jeder Verpackung so viel Interessantes und Spannendes zu lesen! Oft sogar in verschiedenen Sprachen, deren Worte sich jetzt mal in aller Ruhe vergleichen lassen. Du rammst ihren Wagen, als hättest du ihn nicht gesehen – oh, sorry! –, und belehrst sie, egal was sie gerade in der Hand hat: Das ist leider ganz schlecht getestet worden!

☞ **Es gibt Tiefkühltruhen.** Aber in keiner der vierundzwanzig Truhen ist das, was du suchst. Hier sind gekeulte Enten, dort kleingehackte Tintenfische. Wo gibt es Eis in Familienpackungen? Bei den breitbeinigen Hähnchen nicht, schon gar nicht bei den Schweinesteaks und Schlemmerfilets, auch nicht bei Pizzen und aufbackbaren Laugenbrezeln und selbstverständlich nicht in der ausufernden Gemüseabteilung von Blattspinat bis Rotkohl mit Apfelstückchen. Du kannst noch so viele Deckel zurückschieben und Türen aufziehen und bei der Lasagne am Datum zu erraten versuchen, wie viel Pferdefleisch sie enthält. Das Eis befindet sich in der Nähe der Kasse. Und falls du noch etwas anderes willst als Eis, wirst du erstens feststellen, dass die Preisetiketten am Rand der Truhe nichts mit dem Inhalt der Truhe zu tun haben, und zweitens, dass das Gesuchte immer am weitesten entfernt liegt von Deckel- oder Türöffnung. Du nimmst auf keinen Fall die oberste

Packung, denn die ist schon so häufig angetaut worden, dass du die Hefepilze und Salmonellen gern anderen Kunden überlassen möchtest. Übrigens: Tiefkühltüren, die geöffnet und wieder geschlossen wurden, lassen sich wegen der Adhäsionskräfte für sieben Minuten nicht wieder öffnen. An der Kasse findest du endlich die Tiefkühltruhe mit dem Eis. Aber nur in kleinen Portionen, in der Tüte und am Stiel. Familienpackungen wären ganz hinten gewesen. Willst du noch mal zurück?

☛ **Das ist nicht dein Wagen.** Nach einigen Irrfahrten bemerkst du, dass du eine Dose mit Sprotten sowie eingeblistertes Tofu mit Asiageschmack im Wagen hast. Dafür fehlt anderes, zum Beispiel das Kind, das du vorn abgesetzt hattest. Das überrascht. Kurz überlegen. Du hattest den Wagen bei den Spaghetti abgestellt, nur ganz kurz, um nach den Oliven zu fahnden. Die hast du schließlich sechs Gänge weiter gefunden. Der Wagen, den du dann genommen hast, war wohl nicht deiner; er sah nur so ähnlich aus wegen des Waschmittels und der Gurke. Wer rollt jetzt mit deinem Wagen durch die Gänge? Steht jemand schon damit an der Kasse? Was und wen haben die Kameras beobachtet, die dich und alle anderen lückenlos beäugen? Ist dein Irrtum bereits auf YouTube gepostet worden? Wird jemand Lösegeld für das Kind verlangen und sich dann wundern, dass du nicht zahlst, sondern die ruhige Zeit genießt?

☛ **Du hast deine Pfandflaschen nicht abgegeben.** Jetzt rollst du damit auf die Kasse zu. Der Leergutautomat steht ganz hinten. Also zurück? Vorhin war da noch niemand. Jetzt stehen Kampftrinker an. Der erste versucht, die drei Dutzend Flaschen vom Vorabend durchs Loch aufs Transportband zu

manövrieren. Aber das Band wehrt sich. Der Automat kann
es nicht leiden, wenn Flaschen allzu eilig nachgeschoben
werden. Warum trinkt der Mann auch so viel? Oder ist das
alles Sammelgut? War er etwa bei dir? Jetzt stellt er ganze
Kisten auf das Förderband unten. Es sind die falschen Kisten.
Die stammen alle aus anderen Supermärkten. Der Automat
schickt sie nach summender Begutachtung zurück, auch
Einzelexemplare lehnt er ab. Die Elektronik hat keine Lust
mehr. Sie mag keine zerbeulten Plastikflaschen und bekle-
ckerte Strichcodes. Der benommene Kämpfer stutzt und versucht es aufs Neue. Immer wieder. Du könntest dem Mann
deine Flaschen (die aus Glas) über den Kopf ziehen. Oder,
weniger durchschaubar, den Knopf drücken, mit dem sein
Pfand als Spende für wohltätige Zwecke verbucht wird. Für
ihn macht es eh keinen Unterschied mehr. Oder er wird bald
der wohltätige Zweck sein. Hoffentlich steht gleich nicht jemand mit einem Pfandbon vor dir an der Kasse, der älter ist
als vierzehn Tage oder den er selbst mühsam am Computer
hergestellt hat. Das würde dann dauern. Das weißt du, weil
du selbst regelmäßig Pfandbons mit nach Hause nimmst und
sie sorgfältig aufbewahrst, bis ihr Verfallsdatum abgelaufen
ist.

☞ **Du stehst in der kürzesten Schlange.** Eigentlich kann
das nicht sein. Aber es kommt vor. Laut Statistik gelangst du
bei dreizehn Besuchen im Supermarkt genau einmal in die
Schlange, in der es am schnellsten geht. Zwölfmal hast du
das Nachsehen, dann ziehen die Schlangen links oder rechts
oder beide schneller vorbei. Und genauso ist es auch jetzt.
Dass du die kürzeste Schlange gefunden hast, bedeutet nämlich nur, dass darin die nervigsten Kunden stehen. Oder dass

du das Schild übersehen hast, das die Kassiererin aufs Band manipuliert hat: «Hier bitte nicht mehr anstellen.» – «Kassieri, ich weiß, wo dein Auto steht!» Dass sie schlecht bezahlt wird, ist ein schwacher Trost. Du verdienst ebenfalls zu wenig. «Wollen Sie Pause machen, um sich neu zu schminken? Das bringt nichts mehr.»

☞ **Jemand zahlt passend.** Mit dieser Nummer wolltest eigentlich du die Leute nerven. Jetzt hat sich jemand anderes den Part geschnappt. Eine Rentnerin, die bald den neunundachtzigsten Geburtstag im Kreise ihrer Erben feiern wird. Erst mal soll sie 17,79 Euro für Kekse plus Likör zahlen. Dafür muss sie zunächst ihr Portemonnaie suchen. Es befindet sich am Boden einer ihrer Taschen, aber welcher? Wenn sie es gefunden hat, wird sie mit viel Geschick herausfinden, wie man es öffnen kann. Und dann wird sie umzugraben beginnen. Mal sehen, was sie zutage fördert. Es gibt ja verschiedene Möglichkeiten, den Betrag exakt passend zu zahlen. Sie wird alle Möglichkeiten ausprobieren, mit Scheinen und mit Münzen und mit Knöpfen. Zwischendurch wird sie innehalten und nachrechnen und dann eine andere Variante versuchen. Irgendwann – drei Folgen *Sturm der Liebe* sind nun schon versäumt – wird sie feststellen, dass sie es doch nicht passend hat. Zwar verfehlt sie die Summe nur knapp, aber es reicht nicht. Inzwischen sind in den Schlangen links und rechts von dir geschätzte vierzig bis fünfzig Leute abgefertigt worden. Zum Glück ist nur ein Kunde zwischen dir und der Rentnerin, die sich schlurfend entfernt. Du wirst ihr also unschwer folgen können. Sie wird ihren neunundachtzigsten Geburtstag nicht mehr erleben. Eigentlich müssten die Erben dir zum Dank etwas abtreten.

☞ **Jemand zahlt mit Karte.** Das ist unumgänglich, denn die zehn Euro und vierzig Cent für zwei Packungen Zigaretten kann er unmöglich bei sich haben. Vielleicht solltest du ihm aushelfen? Wenn du es nicht tust, wird der Tag verstreichen. Denn die Kassiererin akzeptiert weder seine Krankenkassenkarte noch die Dauerkarte seines Fußballvereins, noch die Treuekarte der Spielothek. Sie akzeptiert schließlich zwar die EC-Karte, doch das Lesegerät lehnt sie ab. Es verabscheut beschmierte, abgeschliffene, verschrammte Chips und kennt ungedeckte Konten. Die Kassiererin seufzt, wischt, poliert und probiert verschiedene Steckvarianten, sanft, mit Schwung, rigoros. Soll sie die emittierende Bank der Karte anrufen? Nein, sie soll weiter probieren; der Mann kann sich das auch nicht erklären. Entweder du zahlst ihm die zehn Euro, oder du suchst dir einen gemütlichen Platz am Ende einer anderen Schlange.

☞ **Du musst umpacken.** Und zwar vom Wagen aufs Band. Bis es so weit ist, sollst du Abstand halten. Die Kunden rücken nur noch ungern vor. Sie wahren den von der NSA vorgeschriebenen Sicherheitsabstand. Weil du das weißt, hast du einen Wagen genommen, keinen Korb. Die Dame hinter dir wusste es nicht. Sie hat sich für einen Korb entschieden, ihn trotzdem vollgepackt und merkt nun, dass sie ihn nicht so bald wird auspacken können. Denn du machst mit beim Sicherheitsabstand. Vorteil für sie: Nach dem Anstehen wird sie deutlich längere Arme haben als vorher. Das bleibende Taubheitsgefühl nimmt sie dafür gern in Kauf.

☞ **Du musst strategisch packen.** Auf einmal muss es schnell gehen. Raus aus dem Wagen, rauf aufs Band. Du bückst dich, du streckst dich, bücken, strecken, bücken, strecken … Die harten Sachen – Dosen, Flaschen – müssen unbedingt zuerst aufs Band, damit du sie anschließend als Erstes einpacken kannst. Eier, Joghurt, Schlagsahne, Himbeeren zuletzt. Umgekehrt geht es natürlich auch. Dann hast du die fertige Himbeerspeise gut gerührt am Boden der Einkaufstasche, wenn du zu Hause bist. Übrigens: Die emsige Bückbewegung mit Heben und Weiterreichen wird von führenden Orthopäden empfohlen, denn sie verschafft ihnen reichlich Kundschaft mit gezerrten Armmuskeln, steifem Nacken und nervösen Zuckungen.

☞ **Der Kunde vor dir schafft es nicht.** Er ist nicht mehr jung, aber ordentlich. Er hat ein Sortiment von Einkaufstaschen dabei, und in jede kommt etwas anderes. In die blaue Tasche die Sachen aus dem Kühlregal, in die rote alles von der Fleischtheke, in die gestreifte gehören Nudeln und Reis, in die gepunktete Kekse und Schokolade und so weiter. Alles muss unmittelbar hinter der Kasse sortiert werden für den getrennten Transport. Und, ach, da kommt ja noch Eiscreme! Die muss unter die Milchprodukte; also nur rasch die betreffende Tasche auspacken, gegebenenfalls einzeln umpacken ... Auch dieser Mann wird es nicht mehr nach Hause schaffen. Und er wird erst im letzten Augenblick vor seinem Tod begreifen, warum du ihm gefolgt bist.

☞ **Du bist schneller.** Aber nicht schnell genug. Die Kassiererin jagt die Sachen über den Scanner, du willst nicht durch eine sortierte Einpackorgie auffallen. Dir bleibt eh keine Zeit, weil du noch den Korb im Einkaufswagen hochheben sollst; kann ja sein, dass du darunter Schinken rausschmuggeln willst. Die Ablagefläche hinter der Kasse ist so klein, dass du dir nur zu helfen weißt, indem du alles in den Wagen wirfst, um draußen auf dem Parkplatz einzupacken. Der Aludeckel der Schlagsahne bekommt bei diesen Wurfübungen seinen folgenreichen Riss, und mindestens ein Ei geht drauf, aber man soll ja sowieso nicht so viel von diesen Sachen essen.

☞ **Du bekommst verschwitzte Geldscheine zurück.** Okay, du siehst auch immer zu, dass du die moderigsten Scheine und am widerlichsten angelaufenen Münzen zuerst loswirst. Aber wieso mutet die Kassiererin dir dasselbe zu? Wenn sie besonders gemein ist, legt sie dir die Schmierscheine noch persönlich in die Hand und obendrauf die Münzen. Was dann zu Boden kullert, überlässt du ihr und den nachfolgenden Kunden. Du bist einfach glücklich, dass du mit diesen sagenhaft speckigen Euronoten frisch gehaltene Keime aus fremden Ländern mit auf den Weg bekommst. Bei Aktivmärkten sind laut Test nicht nur Darmbakterien und Grippeviren dabei, sondern oft auch der leckere Reststaub eines Kokainziehers.

☞ **Der Verkäufer der Obdachlosenzeitung lächelt.** Ihm könntest du zumindest die Kolibakterien gleich weiterreichen. Aber seine Beschwerde-, Klag- und Jammer-Zeitung ist so irre langweilig, dass du dich maximal zu einem neutralen Kopfnicken hinreißen lässt. Er ist dazu angeleitet worden, besonders freundlich zu sein, auch zu abweisenden Passanten. Laut Schulung soll er dir das Gefühl geben, als spräche er dich persönlich an. Dich soll das Bangen beschleichen, du könntest selbst einmal in diese Lage kommen. Durch eine großzügige Spende könntest du dich jetzt, hier und heute freikaufen.

☞ **Auf dem Parkplatz.** Egal wo und wie sicher dein Auto steht, ein 88-Jähriger hat bereits seinen Einkaufswagen dagegengekarrt. Gewöhnlich parkst du auf dem breiten Behindertenparkplatz. Immerhin hast du den von deiner Großtante geerbten Behindertenausweis sorgfältig auf dein Auto umgewidmet und gut sichtbar im Fenster platziert. Falls dich jemand auf deine Gelenkigkeit anspricht: Du hast deine demente Großmutter im Supermarkt gesucht, aber da scheint sie nicht mehr zu sein. Jetzt konntest du zwar einkaufen, musst aber weitersuchen. Aber erst mal musst du achtgeben: Der 88-Jährige versucht gerade auszuparken. Wenn du nicht aufpasst, wird er dich zuerst versehentlich rammen und dann noch versehentlicher einklemmen. Die senkrechten Kratzer an seinem Kotflügel markieren die Zahl seiner Opfer. Um Unheil zu verhindern, kannst du durchs Seitenfenster greifen und ihn mit einem kräftigen Ruck ins künstliche Koma versenken.

☞ **Umpacken.** Du hast im Supermarkt die Sachen in den Einkaufswagen gepackt. Du hast die Sachen an der Kasse vom Wagen aufs Band gepackt. Du hast sie vom Band wieder in den Wagen gepackt und in Taschen und Körbe. Du packst sie um und verstaust sie auf dem Rücksitz oder im Kofferraum. Zu Hause packst du sie wieder aus dem Auto, trägst sie in die Wohnung und packst sie dort aus. Und um. So vergeht das Leben, und du bezahlst noch dafür.

12 Stichworte,
bei denen dir übel wird

Vom kommenden Jahr an dürfen Kunden bei Entdeckung der folgenden Stichworte Schmerzensgeld verlangen:

- Biosiegel
- Vorteilspack
- Ofenfrisch gebacken
- Highlight der Woche
- Schnäppchenpreis
- Regionales Produkt
- Fairtrade
- Bonuscard
- Mitnehmpreis
- Treuepunkte
- Frischegarantie
- Mindestens haltbar bis:
  siehe Deckellasche

Was du im Supermarkt
auf keinen Fall tun wirst ...

... oder nur, wenn du keinen anderen Ausweg mehr siehst:

- aus der Obstauslage ein paar Trauben zum Ausrutschen auf die Fliesen legen
- jemanden nach seinem Namen fragen, um dann enttäuscht zu sagen: «Ach, nein, dann sind Sie's nicht!»
- jemandem eine Packung Rasierklingen in den Wagen schmuggeln
- eine Blutspur aus Tomatensaft legen
- ein Kleinkind von einem Wagen in einen anderen setzen
- einen herumstehenden Hubwagen so verschieben, dass die nächste Kundin daraufklettern muss, woraufhin sie hoffentlich auf keinen Fall samt Wagen wegrutscht
- an der Wursttheke eine glitschige Scheibe Gelbwurst auf dem Boden platzieren
- Flaschen auf störende Kunden herabstürzen lassen
- an der Kasse ausführlich nach Kleingeld und Karten suchen, dabei mit der Kassiererin ein Gespräch über ihre Familie anfangen

AUF DER STRASSE IST DIE HÖLLE LOS

Du bist Fußgänger

Deine eigenen biologischen Abgase sind dir nicht unsympathisch. Zuweilen schnupperst du ihnen nach. Doch Abgase aus fossilen Brennstoffen willst du nicht in die Atmosphäre schicken. Du möchtest auch nicht, dass der Regenwald abgeholzt und in Ölpalmenplantagen verwandelt wird, nur damit es genügend Biotreibstoff gibt. Nein. Du willst dich im Einklang mit der Natur fortbewegen, zur Entschleunigung beitragen und dabei die Erde unter deinen Füßen spüren. Deshalb bist du Fußgänger, randvoll mit ökologischer Verantwortung. Recht und Moral sind auf deiner Seite. Deshalb hast du jede Menge Gründe, dich aufzuregen.

☞ **Die Fußgängerampel,** eben erst grün geworden, springt

schon wieder auf Rot, ehe du die Mitte der Straße erreicht hast. Besorgte Autofahrer machen dich durch eifriges Hupen auf die Gefahr für dein Leben aufmerksam. Zur Verdeutlichung kommen einige dir mit der Stoßstange sehr nahe. Sorry. Die Verkehrsinsel in der Mitte wirst du möglicherweise nicht mehr erreichen. Heute nicht. Nie mehr. Danke, dass du Engel eine Zeitlang unter uns Menschen geweilt hast.

☞ **Es gibt eine Radwegebenutzungspflicht.** Radler fahren trotzdem lieber da, wo du gehst. Denn wo du gehst, gibt es glatte Gehwegplatten oder planen Asphalt. Radwege sind oft umweltfreundlich angelegt, mit kleinen Ziegeln gepflastert, auf dass Pflänzchen ihre Köpfchen recken können und Baumwurzeln das Pflaster anheben oder sprengen. Radwege – das wirst du zugeben – sind schlicht zu holprig zum Radfahren. Deshalb musst du auf deinem Gehweg ständig ausweichen oder blitzartig beiseitespringen. Am sichersten rettest du dich auf den Radweg. Da sind keine Radler. Danke ihnen. Das Springen hält dich fit und beweglich.

☞ **Der Fußweg** läuft nicht irgendwo neben der Straße, sondern dort, wo sie sich zur Seite neigt. Die Neigung erkennst du besonders gut bei Regenwetter, weil dann Pfützen, Flüsse und Seen entstehen. Dieses kleine ökologische Wunder wird durch Gullys begünstigt, die von Blättern und Müll verstopft sind. Du genießt diese kleine Seen-Wanderung. Um dir obendrein noch das Gefühl von einem Spaziergang am Meer zu vermitteln, geben vorbeifahrende Autos extra Gas. Die aufspritzende Gischt erreicht deine Schuhe, deine Hosenbeine, oft auch deine Hüften und mit etwas Glück sogar dein Gesicht, dem diese Erfrischung – der oft heilende Erde beigemischt ist – gewiss guttut.

☞ **Die Fußgängerzone ist ein Sportplatz.** Deshalb tauchen dort blitzschnelle Kampfradler auf, die in sehenswertem Zickzack und tollkühnen Kurven einzelne oder Gruppen von Passanten zu umrunden versuchen. Bei allem Geschick können sie es nicht verhindern, dass der eine oder andere Fußgänger gestreift, gerempelt oder ganz und gar umgenietet wird. Tue den Sportlern nicht unrecht: Oft tut es ihnen leid. Doch sie haben keine Zeit, sich um gefällte Hindernisse zu kümmern. Wenn du Zeit erübrigen kannst, tue du es. Ein schöner Anblick ist es allerdings selten.

☞ **Als Fußgänger bist du der schwächste** aller Verkehrsteilnehmer. Du bist einerseits anderen im Wege – den Inlineskatern, Rollerbladern, Vespafahrern, überhaupt allem, was Räder hat, und übrigens auch anderen Fußgängern. Andererseits hebst du das Selbstbewusstsein der Schnelleren, indem du ihnen ein Gefühl der Stärke vermittelst, ganz einfach indem du dich schwach zeigst. Du knickst nun mal leicht um, wenn dir ein Skater in die Hacken fährt. Du zuckst zusammen, wenn dich ein Radfahrer per Sturmklingel beiseitescheucht. Du schreist womöglich auf, wenn ein Auto dich streift, während du total naiv bei Grün die Straße überquerst. Okay, der Skater hätte sich entschuldigen, der Radfahrer hätte schieben, der Autofahrer hätte sogar anhalten können. Aber willst du wirklich den Fluss des Lebens aufhalten?

☞ **Wenn du eine Mutter bist** und dich mit kleinen Kindern auf den Gehweg wagst, werden radelnde Männer dich und die Kleinen als gefährlichen Eingriff in den Straßenverkehr erachten. Sei froh, dass du dir keine Anzeige wegen Nötigung und versuchter Körperverletzung einhandelst, wenn die eiligen Biker auf dem Gehweg deinetwegen ausweichen oder wegen eines Kindes sogar die Geschwindigkeit drosseln müssen. An dem fassungslosen Kopfschütteln, mit dem sie weiterfahren, kannst du ermessen, wie rücksichtslos du dich verhalten hast. Sei erleichtert, wenn diesmal nur dein Hund platt gefahren wird.

☛ **Nachts fahren Autofahrer mit aufgeblendetem Fernlicht** auf dich zu. Dass du dann selbst nichts mehr sehen kannst, ist ein wertvoller Test. Du wolltest immer schon die «Blindness Experience» machen, für die man sonst Eintritt bezahlen muss. Du hast auch schon von Dunkeltherapie gehört, die richtig viel Geld kostet. Hier, nachts am Straßenrand, erblindest du völlig kostenlos und teilst für eine Weile solidarisch das Schicksal von Menschen mit Sehbehinderung. Die Autofahrer hingegen erkennen dich sehr gut und freuen sich über den glitzernden Widerschein ihres Fernlichts in deinen nutzlos gewordenen Augäpfeln.

☛ **Der Schatten, der im Dunkeln unversehens auf dich zufliegt,** ist ein Radfahrer, der energiebewusst fährt. Er verzichtet auf Licht. Er nimmt seinen Dynamo nicht in Betrieb, weil dessen Andruck die Fahrleistung senken und durch Reibung gefährliche Wärme (Klima!) produzieren würde. Er verwendet auch kein Batterielicht, weil er weiß, dass für Akkus und Batterien wichtige Rohstoffe verbraucht werden, die in Entwicklungsländern dringender vonnöten sind. Wenn er dir also mit Karacho in die Weichteile semmelt, hauche ihm im Namen der Menschheit noch rasch einen Dank für nachhaltiges Fahren zu, bevor du zusammensackst.

Was du anderen Verkehrs-
teilnehmern niemals antust ...

... oder nur, wenn es sich absolut nicht umgehen lässt:

- die Engel bitten, seinen Schutzengel für immer außer Gefecht zu setzen
- einen sich hinter dir auf dem Fußweg nähernden Radler durch langsames Gehen ausbremsen
- einem dich schneidenden Autofahrer deinen eben gekauften Becher Kochsahne auf die Windschutzscheibe werfen
- dich so breit machen, dass der auf dem Gehweg vorbeidrängende Mountainbiker gegen die Hauswand schrammt
- einem Kampfradler im perfekten Moment einen Stoß versetzen, der ihn für immer gegen die Litfaßsäule tackert
- deinen Schirm oder Nordic-Walking-Stick so geschickt in die Speichen eines Radfahrers stechen, dass er sehenswert koppheister geht

Du bist Radfahrer

Du verkörperst das Gute. Deinetwegen schmilzt keine Polkappe, kein Fluss wird um deinetwillen verschmutzt, kein Ureinwohner von seinem Baum vertrieben. Es sollte nur dich und deinesgleichen geben, auf den Straßen, auf den Wegen. Weil du den Planeten rettest, hast du alle Rechte. Du hast sogar die moralische Pflicht, andere zu belehren. Weil du das Licht in unsere Welt bringst, brauchst du nicht auch noch mit Licht zu fahren. Du kannst im Dunkeln gern den einen oder anderen Fußgänger ummähen. Mag er im Krankenhaus Zeit finden, über sein Verhalten nachzudenken. Leider stößt du als Radfahrer immer noch auf Unwissenheit, Sturheit und pure Bösartigkeit.

☞ **Fußgänger versperren den Fußweg.** Das ist besonders ärgerlich, wenn es keinen Radweg gibt. Oder wenn der Radweg holpriger ist als der Gehweg. Was haben Fußgänger auf dem Fußweg zu suchen? Bevor du genötigt wirst abzubremsen, mache die Dicken gern ein bisschen schlanker, indem du sie scheuchst und jagst. Du kannst auch extra leise heranfahren und unmittelbar hinter ihnen klingeln. Ihre lustigen Schreie beim Wegspringen beleben das allzu eintönige Geräusch des Straßenverkehrs. Fußgänger auf Gehwegen sind ein unnötiges Übel, aber vielleicht nicht mehr lange.

☞ **Du bist Autofahrer, nur heute mal nicht.** Deshalb darfst du heute alle Autofahrer als die Terroristen empfinden, die sie sind. Schon hinterm Steuer hast du das vage wahrgenommen. Jetzt merkst du es deutlich. Du durchläufst eine magische Verwandlung. Sobald du dich in den Sattel geschwungen hast, bist du ein besserer Mensch. Auch wenn du reichlich was getrunken und nur deshalb dein Auto hast stehen lassen. Jetzt merkst du, wie scheußlich Fußgänger sein können. Oder Autos, die die vorgeschriebenen Mindestabstände beim Überholen (anderthalb bis zwei Meter!) genauso wenig einhalten wie du sonst. Jetzt endlich ist die Gelegenheit zum Pöbeln da!

☞ **Die Ampel ist rot.** Das passiert leider immer häufiger. Es gehört zu den großen Ärgernissen im Straßenverkehr.

Trotz aller Versprechungen hat es bislang keine Regierung geschafft, rote Ampeln abzuschaffen. Die gute Nachricht: Für dich als Radfahrer gelten rote Ampeln nicht! Als Robin Hood der Straße hilfst du den Armen und Entrechteten, also dir selbst, und kämpfst gegen alle selbstzufriedenen Bonzen, also gegen Fußgänger und Autofahrer. Du bist berufen, ihren Gängelungen Widerstand zu leisten und ihre Regeln zu brechen. Wenn du die Straße überquerst, müssen die anderen halten. Das ist nun mal so. Wer noch nicht kapiert hat, dass du immer Vorfahrt hast, muss mit deinem Stinkefinger rechnen, und dann hat er noch Glück gehabt.

☞ **Eine SUV-Mutti biegt ab und hat null Peilung.** Theoretisch kann die Mutti raussehen aus ihrem Panzerkreuzer. Der Wagen verfügt über Fensterschlitze. Doch aus ihrer Perspektive liegt alles im toten Winkel. Zwar verfügt das Auto über Spiegel, drinnen und draußen. Doch die hat sie bislang nur zum Nachtragen ihres Lippenstifts benutzt. Du wirst also bremsen müssen. Weil du im Recht bist, darfst du gern so bremsen, dass du gezwungenermaßen ihren Lack zerschrammst. Bei all den Beulen, die sie schon in Türen und Kotflügel geparkt hat, wird dein scharfer Pedalkratzer zwar kaum auffallen, aber du hast ein wichtiges Zeichen gesetzt.

☞ **Der Radweg ist zugeparkt.** Die Leute werden immer fetter, die Autos immer dicker, die üblichen Parkstreifen reichen nicht mehr. That sucks. Du bist Kampfradler. Du bist Street Fighting Man oder Woman oder beides. Hoffentlich hast du die «Parke nicht auf unseren Wegen»-Aufkleber zur Hand, die niemand ohne bleibende Lackschäden abgnibbeln kann! Oder verfügst du lediglich über einen Schraubenzieher mit scharfer Spitze? Hast du sogar nur den Schlüssel dabei?

Oder wieder nur deine Pedale? Egal. Du ziehst deine Kapuze etwas tiefer ins Gesicht. Du bist nicht zu erkennen. Du bist anonym. Du hast kein Kennzeichen. Niemand wird dich anhalten. Street Fighting Hero.

☞ **Jemand reißt die Autotür auf, während du vorbeifährst.** Der blanke Horror. Und du musst immer damit rechnen. Das Gesetz ist hundertprozentig auf deiner Seite. Du kannst dem Typen oder der Schlampe, die da aussteigen, ungestraft in die Waden fahren, gegen den Bauch brettern, die Tür rammen oder einmal quer die Seite abschleifen. Vielleicht reicht das schon als Belehrung. Oft musst du aber auch noch auf den Kühler spucken. Beim Weiterfahren zeigst du im Umdrehen den Salbadernden die geballte Faust mit ausgestrecktem Mittelfinger, das internationale Zeichen unterdrückter Stadtradler. Was den Pennern dazu einfällt, hörst du eh nicht dank deiner In-Ear-Headphones.

☞ **Es gibt einen Radweg in der Stadt.** Aber das ist kein Grund, ihn zu benutzen. Im Gegenteil. Besonders in der Stadt sind Radwege für Pionierpflanzen gebaut, die sich aus dem mit Asphalt versiegelten Erdreich nach oben kämpfen, um ihre grünen Tentakel durch die Risse und Spalten zu stecken. Ihnen willst du freie Entfaltung garantieren! Deshalb schonst du den Radweg und fährst auf der Straße. Außerdem ist es dir nur dort möglich, uneinsichtige Autofahrer auszubremsen und zu besseren Menschen zu erziehen. Und nur dort kannst du glaubwürdig alles rausfluchen, was sich in einem langen Leben der Gängelung angesammelt hat. Wie, deine Lieblingsstraße hat keinen Radweg? Fordere ihn ein, wenigstens für die Pflänzchen, schiebe eine Online-Petition an und trete einen Shitstorm los!

☞ **Es gibt einen Radweg auf dem Land.** Aber das ist kein Grund, ihn zu benutzen. Er verläuft neben der Bundesstraße, und gerade die Bundesstraße ist bestes Trainingsgelände. Die Radwegebenutzungspflicht entfällt, wenn du allein oder besser noch mit mehreren zusammen deine Kondition verbessern möchtest. Ihr wollt Herz und Kreislauf fördern und den Stoffwechsel anregen? Dann tretet etwas fester in die Pedale und bringt es auf 25 Kilometer pro Stunde. Auf diese Weise verbrennt ihr etwa zehn bis zwölf Kilokalorien pro Minute! Okay, die Autofahrer hinter euch, die sich zu einer immer längeren Schlange sammeln, weil ihr zu zweit, zu dritt oder zu viert nebeneinanderfahrt, die verbrauchen zunächst keine Kalorien. Aber sie bringen es auch nur auf 25 Kilometer pro Stunde, und allmählich rasten sie aus hinterm Steuer, und dann verbrauchen sie doch Kalorien und werden schlanker! Winkt ihnen mit der Trinkflasche lächelnd zu! So habt ihr zweierlei geschafft: zur Entschleunigung beigetragen und die Gesundheit der Menschen verbessert. Herrlich ätzend – und der Planet dankt!

☞ **Du besitzt einen Fahrrad-Führerschein.** Und zwar aus der Grundschulzeit. Wo er liegt, ob er ein Foto von dir trug, wofür er gut war und ob es ihn überhaupt je gegeben hat, das spielt schon lange keine Rolle mehr. Er stammt aus der sonderbaren Zeit, als du dich noch mit Verkehrsregeln auskanntest, als du mit Arm- und Handzeichen anzeigtest, wenn du abbiegen wolltest, als du dich umsahst, einordnetest, als du dem Gegenverkehr Vorrang gewährtest, bevor du in einem weiten Bogen abbogst, als du auf Fußgänger achtetest und womöglich anhieltest, wenn eine Ampel rot war. Wie fremd, wie fern, wie entsetzlich erscheint all das heute! Damals glaubtest du auch noch, Fußgängerzonen seien für Fußgänger eingerichtet worden. Jetzt durchquerst du sie freihändig, die Bierflasche in der einen, das Handy in der anderen Hand, lässig und frei, ein Schatten im Dunkeln, ein getarnter Anarchist, ein unerkennbarer Amokfahrer, ein Widerstandskämpfer gegen alles, was dir im Wege ist.

Was du nicht tun wirst ...

... auch nicht, wenn es unumgänglich ist:

- verbiesterten Fußgängern, die du freundlich bittest, zur Seite zu gehen, die das aber partout nicht tun, schonend in die Waden fahren
- deinen Schraubenzieher mitnehmen, nicht, weil du an deinem Rad was festziehen müsstest, sondern weil du den langgezogenen Klang im Lack so liebst
- einem Auto, das so um die Ecke gebogen ist, dass es auf der Fahrradspur steht, total versehentlich in die Seiten brettern
- die Dose aus dem Graffiti-Shop mitnehmen, um im Wege stehende Autos mit Tags zu verschönern
- deine Flügelschrauben oder Pedale an der Seite mit scharfen Spitzen versehen, die – wie die rotierenden Sägemesser am Streitwagen in «Ben Hur» – gegnerische Fahrzeuge anritzen

Du bist Autofahrer

Du gehörst also zu der am meisten diskriminierten Spezies. Zwar fordert die Straßenverkehrsordnung von allen Teilnehmern «ständige Vorsicht und gegenseitige Rücksichtnahme». Doch im Alltag werden diese Eigenschaften nur von dir verlangt. Alle anderen dürfen sich alles herausnehmen. Nur deine Freiheit wird von Geschwindigkeitsbegrenzungen eingeschränkt. Nur dich zwingen Halteverbote zum Weiterfahren. Nur du musst dich an Verkehrsregeln halten. Du hältst bei Rot, während Radfahrer weitersegeln. Fußgängern ist es gleichgültig, wo und wie eine Ampel steht. Auf Einbahnstraßen kommen dir Motorroller entgegen. Greise nutzen Zebrastreifen, um dich zum Abbremsen zu nötigen. Kinder drücken Ampelknöpfe, um vor deinem Kühler frech die Straße zu überqueren. Kampfradler nehmen dir die Vorfahrt und beschimpfen dich noch dafür. Oft bleibt dir nur das Auto als Waffe. Und selbst unter deinesgleichen gibt es reichlich Nervtöter.

☞ **Vor dir fährt ein anderes Auto.** Das ist bitter genug. Doch dieser Fahrer schleicht obendrein. Sein Motor ist kraftlos, das ist offensichtlich. Doch warum unterbietet er noch die vorgeschriebene Geschwindigkeit? Er beschleunigt nicht einmal angesichts der Ampel vorne, die immer noch – aber wie lange noch? – grün leuchtet. Ihr könntet alle, also mindestens noch fünf Autos hinter dir, unangefochten rübergleiten, wenn nur dieser Schrottfahrer zufahren würde. Aber er wird eher noch langsamer! Nicht mal, als die Ampel auf Gelb springt, kommt er auf Touren. Erst als sie beinahe schon rot ist, wacht Schrotty auf und gibt wild Gas und rutscht bei Tiefdunkelorange noch rüber. Du musst halten. Und alle hinter dir. Ihr seht den Vollhonk davonziehen. Schon schwemmt ihn der vorbeiziehende Verkehrsstrom mit sich. Du wirst ihm nie das Trommelfell raushupen können.

☞ **Vor dir fährt schon wieder ein anderes Auto.** Wieder bitter, ja, aber dieses fährt zur Abwechslung zügig. Aber, nanu, jetzt wechselt es die Spur. Blinken wäre ja schön gewesen. Du willst nun vorbeiziehen. Da wechselt es zurück. Abermals ohne zu blinken. Und wird langsamer. Und warum, bitte? Wird es gleich abbiegen? Du darfst raten. Nein, es hält an. Einfach so. Hat der Fahrer einen Parkplatz gesichtet? Hofft er auf einen in der näheren Zukunft? Kommt in den nächsten Stunden jemand aus dem Haus? Er steht da. Blinken ist nicht. Keiner tut es mehr. Keiner zeigt an, wo er hinwill. Beim Abbiegen nicht. Auch nicht, wenn einer vorne links in die Querstraße abbiegen möchte und also den Gegenverkehr abwarten müsste, sodass du ungern hinter ihm stehen würdest. Oder wenn er auf der Autobahn die Spur wechseln will. Oder wenn er aus dem Kreisverkehr rausfährt. Du hast schon von deinem Vater gelernt: Die mich kennen, wissen, wohin ich will, und die anderen geht es nichts an. Deshalb blinkst du nie. Aber wieso erlauben sich das jetzt auch so viele Nullen? Quietschend und hupend fährst du an dem Hirnfried vorbei.

☞ **Was auffällt: Während du dich verjüngst,** werden fast alle anderen Fahrer immer älter und unsicherer. Auf dreispurigen Autobahnen trauen sie sich lediglich, achtzig zu fahren, höchstens hundert, und zwar schlotternd und bibbernd stets auf der mittleren Spur. Links schießen die Hyperboliden vorbei. Du müsstest die Gruftgespenster rechts überholen.

Doch dann würde eines davon wahrscheinlich per Schlaganfall rechts rüberschlingern. Warum dürfen diese Tatteristen noch unterwegs sein? Auf Landstraßen tuckern sie mit höchstens fünfzig Sachen dahin, auf Strecken mit Überholverbot lieber noch mit vierzig. Wann endlich wird der Knopf installiert, mit dem du sie wegbeamen kannst?

☞ **Du flitzt auf irgendeiner Landstraße dahin.** Okay, flitzen ist nicht ganz richtig. Du rast ja nicht. Du fährst zügig. Angepasst. Du kennst diese Straße nicht, weder ihre uneinsehbaren Kurven noch ihre unkalkulierbaren Schwellen und Schlaglöcher. Und obendrein, wenn du schon mal auf dem Land bist, dann willst du auch den Blick genießen auf all die tollen Maisfelder, die gigantischen Windräder und monströsen Biogasanlagen. Deshalb fährst du nicht übertrieben schnell. Der Typ hinter dir hingegen kennt offensichtlich jeden Zentimeter dieser Strecke und sitzt dir im Nacken. Er hasst dich. Uralte Gene werden in ihm wach. Er will dir nicht nur zeigen, dass man hier doppelt so schnell fahren kann. Er will dir Angst machen. Und dich notfalls bondmäßig beiseiteschieben. Du könntest überraschend in die Eisen steigen und ihn zu einem verhängnisvollen Ausweichmanöver zwingen. Später könntest du erklären, du hättest eine Kröte über die Straße hüpfen sehen, eine, für die du früher mal einen Tunnel gebaut hättest. Aber würde er überhaupt in den Mais crashen? Oder würde er plötzlich in deinem Kofferraum sitzen? Besser, du folterst ihn ganz legal. Du fährst also unregelmäßig: mal etwas schneller, sodass er denkt, er hätte dir was beigebracht, dann wieder langsamer, sodass er seine Plomben zerbeißt, immer im unberechenbaren Wechsel. Wichtig ist nur, dass er dich irgendwann – verboten oder nicht – mit derartiger Wut überholt, dass nur der Stahlbeton eines Windmastes ihn noch stoppen kann und die Wucht seines Aufpralls das Rad oben in schnellere Drehungen versetzt. Ts, ts, was war das nur für ein Aggromännchen? Du fährst pfeifend weiter.

☞ **Du hast dich schon ziemlich lange gequält,** um die Blocks, durch enge Nebenstraßen, an trügerischen Einfahrten vorbei. Du hast zahlreiche Lücken gesehen, die groß genug wären, wenn das eine Auto etwas weiter nach hinten geparkt hätte, das andere weiter nach vorn. Doch die meisten versuchen, mit einem Auto zwei Parkplätze unbrauchbar zu machen. Jetzt aber gerät eine Lücke ins Visier! Groß genug! Ein echter Parkplatz! Aber da steht jemand. Eine extrem unvorteilhaft blondierte Frau, die gleich abwinkt, als du langsamer wirst, und erst recht, als du zum Einparken ansetzt. «Nein, der Parkplatz ist für meinen Mann! Der kommt gleich!» Der Archetyp des Kriegers erwacht in dir. Aber du bleibst ruhig. Du informierst die Frau, dass sie gerade etwas begeht, was offiziell «bußgeldpflichtige Ordnungswidrigkeit» genannt wird, nach Paragraph eins der Straßenverkehrsordnung. Niemand darf Parkplätze besetzen. Schnallt sie das? Keift sie? Bleibt sie stehen? Sie ahnt ja nicht, was du darfst! Urteil des Bayerischen Oberlandesgerichtes (Az.: 2 St RR 239/94): «Der Autofahrer darf vorsichtig in die Lücke fahren und damit den Fußgänger verdrängen, um so seine Parklücke zu erzwingen.» Aber hallo! Dann los! Erst ab kommendem Jahr will die EU ein schwungvolles Beiseiteschieben erlauben. Also beachtest du bitte das «vorsichtig», andernfalls müsstest du für die Unterbodenreinigung selbst aufkommen.

☞ **Es gibt Radfahrer.** Die meisten sind dunkel gekleidet und abends ohne Licht unterwegs. Es gibt einen Radweg, doch sie benutzen die Straße. Sie brauchen keinen Führerschein, keine Zulassung, kein Nummernschild. Ihr Rad kann auseinanderfallen, für sie gilt kein TÜV. Sie deuten niemals an, wohin sie wollen. Sie hören dich nie, denn sie tragen Kopfhörer. Sie können ein Dutzend Kreuzungen überqueren, bei roten Ampeln, in Höchstgeschwindigkeit oder ganz gelassen, freihändig oder telefonierend, kein Blitzer, keine Kamera wird sie jemals erfassen, kein Pünktchen wird je in einem Zentralregister für sie vermerkt. Sie fahren auf Bundesstraßen in Gruppen nebeneinander, weil sie so tun, als trainierten sie für ein Rennen, sie keuchen in Viererreihen bergauf, auf dass du zu Schrittgeschwindigkeit verdammt bist. Landradler oder Stadtradler: Es ist ihnen alles erlaubt. Besonders das Nerven. Dazu fühlen sie sich sogar berufen. Und sie tun es. Manchmal bist du einer von ihnen. Dann genießt du das. Aber heute nicht. Heute fährst du zügig an ihnen vorbei und betätigst mit Vergnügen deinen Wasserwerfer, also die Scheibenwischanlage, deren chemisch angereicherte Spritzer großartig weit über Windschutzscheibe und Dach hinausschießen. Für die Brillenträger unter den Radlern ist das übrigens eine kostenlose Reinigung. Du Guter!

☞ **Es gibt Beifahrer.** Besonders toll sind solche, die dir erzählen, wie schnell du fahren darfst, wann du welchen Gang nehmen sollst, wann du überholen und wann du es lassen solltest. Und dass die Musik besser leiser gestellt werden sollte. Bei Routenanweisungen verwechseln sie rechts und links. Andere nerven dadurch, dass sie gar nichts sagen. Vielmehr dirigieren sie dich schweigend. Sie bedeuten dir mit lehrerhaften Gesten, wann du mehr Abstand halten sollst, und haben beschwichtigende Bewegungen drauf, damit du gefälligst langsamer fährst. Ältere Beifahrer versuchen, mit einem Fuß mitzubremsen, und halten sich dabei am Handgriff fest, der extra für diesen Zweck über ihrer Tür eingebaut wurde. Nur deine demente Mutter nervt nicht. Sie unterhält sich mit der netten Stimme aus dem Navi.

Was du ganz bestimmt nicht tust …

… oder nur, wenn es unvermeidlich ist:

- deine Beifahrer mit Spannung versorgen, indem du dicht auffährst, andere ausbremst, riskant überholst, jubelnd in die Kurve gehst, dich über die Vollidioten rundum aufregst und während der Fahrt freihändig SMS schreibst
- das rot-weiß gestreifte Band entfernen, mit dem jemand zwischen zwei Stühlen Parkplätze für sich reklamiert hat, weil er eine Genehmigung nicht rechtzeitig beantragt hat; Band sorgsam abnehmen, selbst einparken und den wütend Herausstürmenden mit dem Band an den Stuhl fesseln, an dem er es befestigt hatte
- aus dem Web ein blauweißes Schild herunterladen, wie es Menschen mit besonderen Bedürfnissen besitzen (ehemals «Menschen mit Handicap», davor «Menschen mit Behinderung», davor «Behinderte»); dieses

Schild, samt Ausweis für deinen Wagen fein
ausgedruckt und mit Saugnäpfen für die
Windschutzscheibe versehen, berechtigt zum
Parken auf den speziell ausgewiesenen, stets
ungenutzten Flächen

- dir einen Kampfhund zulegen, den du zur Aus-
tragung von Konflikten mit Radfahrern und
Fußgängern kurz aus dem Auto lässt, um ihn
nach getaner Arbeit mit einem Hundekuchen
zu belohnen

- eine Polizeiuniform erwerben (gebraucht
bei eBay oder via Kostümverleih), die andere
Verkehrsteilnehmer glauben lässt, du seist mit
besonderen Rechten ausgestattet; das kleine
Extra: das Blaulicht fürs Dach; kaufst du nicht,
tust du nicht

DAS WIRD DICH HEUTE NERVEN

☞ **das Haar im Mund,** mit dem du aufwachst, obwohl du im Traum bestimmt nicht auf deiner Frisur gekaut hast, und das extrem schwierig zu entfernen ist;

☞ **die Klinge im Rasierer,** die über Nacht stumpf geworden ist, und die neuen stehen schon seit geraumer Zeit auf der Einkaufsliste;

☞ **die Müslireste zwischen den Zähnen,** die du auf dem Weg zur Bahn herauszulutschen versuchst, um vorzutäuschen, du hättest vorschriftsmäßig geputzt;

☞ **das romantische Kopfsteinpflaster,** das dich auf High Heels zum Balancieren verdammt und das dir eine Verstauchung einträgt, bei der du noch gerade die Zähne zusammenbeißen kannst, um dabei einigermaßen gut auszusehen;

☞ **der Hundehaufen,** der versteckt unter Blättern lauerte oder der für dich auf den Gehweg gezaubert wurde, just in dem Moment, als ein Zeppelin am Himmel auftauchte;

☞ **die blondierten Mütter,** die ihre SUVs nicht beherrschen und deshalb die zweite Reihe zuparken;

☞ **die hupenden Autofahrer,** die nicht kapieren, dass für dich als naturblonde SUV-Fahrerin mehrere Fahrstreifen reserviert sind;

☞ **das überfüllte Bahn-Reisecenter,** in dem du eine Nummer ziehen musst wie im Einwohnermeldeamt und wo von sieben Schaltern nur zwei besetzt sind, deren Beamte intensiv miteinander klönen;

☞ **der labernde Friseur,** der sich selbst ausgiebig im Spiegel betrachtet, während er dir das Weltgeschehen erläutert, statt deine Haare zu schneiden;

☞ **die Verkäuferinnen,** die in der Ecke stehen und die Casting-Show von gestern besprechen, statt sich um dich erstklassige Kundin zu kümmern;

☞ **die Türklinke,** die sich in deinen Ärmel hakt und deinen schwungvollen Gang stoppt, und zwar mit einem feinen Geräusch von reißendem Stoff;

☞ **das Ikea-Rückgabezentrum,** bei dem du erfährst, dass zugeschnittene Meterware, Glühbirnen, Lebensmittel, Grünpflanzen und vor allem dein bescheuerter Fundgrubenartikel vom Umtausch ausgeschlossen sind;

☞ **das Dampframmenhämmern** von der Baustelle gegenüber;

☞ **der knallsüße Klebkuchen,** den deine Chefin großzügig spendiert, damit sie erlebt, wie du Zahnschmerzen bekommst, fett wirst und trotzdem harmonisch lächelst;

☞ **der eingerissene Fingernagel,** den du erst bemerkst, als er deine Strumpfhose ruiniert hat und sich im Seidenshirt verhakt;

☞ **die Tür, vor der du warten musst,** weil jemand dahinter auf dem Klo sitzt;

☞ **die Rentnerin im Supermarkt,** die nach einem «Moment, vielleicht hab ich's passend!» stundenlang in ihrem Portemonnaie kramt und die dann doch mit einem Schein bezahlen muss;

☞ **die Ungeduldigen in der Schlange,** die dir ein «Dauert es noch lange bei Ihnen?» zurufen, nur weil du versuchst, exakt passend zu bezahlen, und dafür alle deine Taschen durchstöberst;

☞ **das Glucksen und Knurren im Meditationskurs,** das aus den Schlingen deiner Gedärme ungedämpft in die Stille tönt und das die anderen vom Meditieren abhält, weil sie über deine Ernährungsgewohnheiten nachdenken;

☛ **der Zettel im Treppenhaus,** mit dem dein Nachbar eine besonders laute Party fürs Wochenende ankündigt;

☛ **die Sneakers,** an denen du nach dem Joggen schnüffelst und deren Aroma dein Gehirn zum sofortigen Produktionsstopp sämtlicher Glückshormone nötigt;

☛ **die Türklingel,** die dich in dem Augenblick aufschreckt, als im *Tatort* gerade der Mord aufgelöst wird, was du nun verpasst, weil du ein Paket für deine Nachbarin annehmen sollst;

☛ **das dunkle Brummen,** das dich am Einschlafen hindert, ob aus der Wohnung unter dir oder über dir oder nebenan oder aus der Erde, wird nie zu klären sein.

BETRIEBS- UNFALL JOB

D u hättest jede Menge super Jobs haben können. Aber du bist hier gelandet, in diesem Büro. Okay, die Arbeit macht Spaß. Oder könnte Spaß machen, wenn sie ganz anders wäre. Du kommst total gut mit allen Kollegen aus. Nur nicht mit denen, die um dich herum sitzen. Und jetzt auch noch das.

☛ **Der nervigste Kollege** ist wieder aus dem Urlaub zurück, bestens erholt, glänzend aufgelegt. Er hat keinen Unfall gebaut, er hat sich kein Bein gebrochen, keine Schlange hat ihn gebissen, er ist nicht einmal gestorben.

☛ Du bist eine total gute Erzählerin. Doch ausgerechnet deine **Lieblingskollegin** dreht sich, während du von deinen außergewöhnlichen Abenteuern berichtest, verstohlen zu ihrem Bildschirm und beginnt dann – nach einem aufmunternden Nicken in deine Richtung («Erzähl ruhig weiter») –, ihren Facebook-Account zu checken.

☞ Gegenüber ertönt ein leises Zischen, gefolgt von einem sanften Fauchen. Das kommt nicht von der Hydraulik des Bürostuhls. Es kommt von dem **heißen Darmwind**, den der Kollege möglichst unauffällig ins Kissen presst.

☞ Während deiner Abwesenheit hat jemand an deinem Platz gearbeitet. Oder jedenfalls gesessen. Deine Favoritenleiste hat sich geändert. Und **die Tastatur reagiert nicht** wie gewohnt. Du entdeckst, weshalb: Die Ritzen zwischen den Buchstaben sind mit Brötchenkrümeln gefüllt. Ein bisschen Käse ist auch dabei. Und geniest hat der Kollege offensichtlich ebenfalls.

☞ Die verdiente unkündbare Kollegin hat die Verwandlung ihres Arbeitsplatzes in ein Seniorenapartment vorangetrieben. Weil der Zuwachs an Enkeln ausbleibt, verwendet sie jetzt royale **Babyfotos** aus der *Gala*, um ihren Monitor zu dekorieren. Die Urlaubspostkarten stammen alle noch aus einem Jahrtausend, als man so etwas noch schrieb. Die speckigen Plüschtiere stammen aus ihrer Kindheit.

☞ Als du in die Miniküche gehst, kommt dir ein netter Kollege gerade mit der **letzten Tasse Kaffee** entgegen. Neuen hat er nicht aufgesetzt. Dazu bist du da.

☞ Beim ersten Griff in den Schrank erwischst du eine fleckige Tasse; beim zweiten eine richtig dreckige. Beim dritten Griff weißt du, wozu du eingestellt wurdest: **zum Abwaschen**. Vielleicht hast du noch Lust, die vergammelten Lebensmittelreste aus dem Kühlschrank zu räumen und die dort ausgelaufene Milch aufzuwischen?

☞ Der musikalische Kollege schlendert vorbei, summend,

weil man ihm das **Trällern** untersagt hat. Alle sind glücklich, dass sie den Eurovision Song Contest vergessen haben. Er hat immer noch das Gewinnerlied drauf, im Endlos-Repeat. Wenn er Koffein genommen hat, pfeift er es sogar.

☞ **Der Kopierer ist blockiert.** Der Kollege, der privat gerade mit einem Hausbau beschäftigt ist, kopiert sämtliche Unterlagen dreifach. Die letzte Kopie ist kaum noch lesbar, so schwach ist der Toner. Der Kollege runzelt skeptisch die Stirn, aber doch, ja, dieses blasse Schriftbild reicht ihm gerade noch. Dir nicht? Dann freue dich auf das Wechseln des Toners.

☞ Oh, der Kopierer ist mal nicht blockiert. Erleichterung! Doch dass niemand tätig ist, liegt nur daran, dass der letzte Benutzer sich mit einem satten **Papierstau** verabschiedet hat. Du musst etwas kopieren? Sieh dich um. Alle feixen. Sie freuen sich, dass du nun den Stau beheben musst.

☞ Die Chefin steht bei deinem Tischnachbarn und lobt ihn gerade überschwänglich, als du zurückkehrst. Warum sie ihn lobt? Weil dein Nachbar gerade die **innovativen Ideen** präsentiert, die du vorhin entwickelt hast – allerdings hat er sie als seine eigenen ausgegeben. «Lassen Sie sich doch auch mal so was einfallen», ermutigt dich die Chefin.

☞ Es gibt da diesen neuen Typen, der am allgemeinen Bürotalk nicht teilnimmt und stattdessen ganz beträchtlich nervt, weil er im Rekordtempo seine **Tasten malträtiert**. Was hat er da alles zu schreiben? Er hämmert, als müsse er ein Trauma aus seiner Zeit in Afghanistan verarbeiten. Aber das kann es ja nicht sein. Ist er vielleicht irre? Würde es reichen, ihn mit seiner Tastatur im Keller zu platzieren?

☞ Diese eine Kollegin war ja anfangs ganz nett, aber inzwischen weißt du zu viel über sie. Sie bekommt viele Anrufe, ausschließlich private. Ihre **halblaut geführten Gespräche** gestatten einen tiefen Einblick in ihr problematisches Dasein. Vorwürfe, Lieblosigkeiten und Benachteiligungen. Jeden Montag bringt sie den Frust vom Wochenende mit und arbeitet ihn bis Freitag ab. Dann nimmt sie den Frust vom Büro mit ins Wochenende.

☞ Der neue Typ hinten rechts **popelte** anfangs nur dann, wenn er sich unbeobachtet glaubte. Inzwischen fühlt er sich freier. Er knipst auch seine Nägel durch den Raum, wenn die Arbeit nicht drängt. Mittags geht er nicht in die Kantine, sondern holt sich die Knoblauchpizza vom Kurden gegenüber. Den **Knoblauchatem** versucht er dann mit Pfefferminz zu toppen.

☞ Es gibt immer Kollegen, die die Kantine ungemütlich finden. Sie holen ihr **Essen also an ihren Platz**: Currywurst extra scharf, dampfende Thai-Nudeln, Gemüseeintopf mit Sojawurst, Käsebrötchen mit gefaltetem Salatblatt. Dann schmatzen sie selbstzufrieden am Bildschirm und dunsten vor sich hin.

☞ **Gelüftet wird nicht.** Die Fenster-zu-Fraktion hat sich durchgesetzt. Die Fenster-auf-Lobby hat behauptet, sie bräuchte Sauerstoff zum Wachbleiben. Die Fensterschließer haben gewonnen, weil sie Energie sparen und den Planeten retten.

☞ Bewegung nach dem Essen ist gesund. Deshalb spielen die **Fußballfans** zwischen den Schreibtischen die wichtigsten Partien des letzten Wochenendes nach. Nimm deine Beine hoch, sonst verhinderst du den Pass!

☞ **In der Teeküche** wird mit gedämpfter Stimme geredet.

Als du dich näherst, wird der geheimnisvolle Austausch zum Tuscheln. Als du eintrittst, erstirbt das Gespräch ganz. Die beiden Kolleginnen nicken einander zu und entfernen sich in verschiedene Richtungen.

☞ Vorhin glänzte auf deinem Schreibtisch ein edler Kugelschreiber mit Aluminium-Coating, der sensationell gut in der Hand lag und geschmeidig schrieb. Irgendjemand fand ihn schön. Und weil im Großraumbüro alles allen gehört, besonders das **Privateigentum**, wirst du ihn nie mehr wiedersehen.

☞ Dein Gegenüber hat Schluckauf. Nein, das war ein unterdrücktes **Rülpsen**. Und jetzt atmet er aus, erleichtert und lange. Die Essenz der Döner-Drohne treibt feucht in deine Richtung. Als du mit den Armen wedelst, hast du das Gefühl, du verfängst dich in glitschigen Schlieren.

☞ Das Gegenprogramm: Miss Tussi vom Zimmer vorn, in sagenhaft kurzem Rock und mit preisgekröntem Ausschnitt, stöckelt vorbei, in einer **Giftgaswolke** Discounterparfums. Ihr hattet gerade erst gelüftet, jetzt muss Durchzug gemacht werden. Wer kann, erreicht taumelnd die Tür.

☞ Du erinnerst dich, dass du vorhin etwas ausgedruckt hattest, ein paar wichtige Listen. Du hast sie nicht aus dem Drucker geholt. Jetzt sind sie nicht mehr da. Weil es da diesen sagenhaft strukturierten Kollegen gibt, der alles wegwirft, was herrenlos herumliegt. Musst du eben erneut drucken. Der **Drucker stoppt**? Aber die Kollegin vor dir hat doch Papier nachgelegt? Ja, genau, aber nur zwei Blatt.

☞ Dein Teamkollege nähert sich, um dir seine immer gleichen Projektideen anzupreisen. Du siehst dich panisch nach deinem Regenschirm um, nach deiner Kapuzenjacke. Zu spät. Seine Guinness-Buch-würdige **feuchte Aussprache** trifft dich in betäubendem Wechsel zwischen Schauern, kurzen Aufheiterungen und extremem Starkregen.

☞ Seit die junge Kollegin nicht mehr ganz so eng mit ihrem Mann zusammen ist, bringt sie ihre **Kinder** gelegentlich mit ins Büro, nur ganz kurz, bis sie von jemand anderem abgeholt werden. Doch die Zeit reicht den hässlichen Biestern, in den Schubladen zu stöbern, Viren auf Computer zu laden und Kaugummi auf wichtige Unterlagen zu kleben.

☞ Es gibt da einen mit unsichtbaren Orden dekorierten Helden der Arbeit. Er hat noch an keinem Tag gefehlt. Nie. Auch heute nicht. Mit soundso viel Grad Fieber hat er sich an seinen Schreibtisch geschleppt, starrt mit glasigem Blick begriffsstutzig auf seinen Monitor und **schnieft und hustet** alles aus, was er an Keimen und Bakterien mitgebracht hat. Du könntest ihn für das Bundesverdienstkreuz vorschlagen. Oder einfach so schlagen.

☞ Die Kollegin, die jeden Tag über ihre Gewichtsprobleme jammert und die deshalb ständig auf Diät ist, hat köstliche **Schokoladentrüffel** in ihrer Schublade versteckt. Sie wird dir nichts abgeben. Auch keinem anderen. Sie schließt sogar die Schublade ab, wenn sie sich zum Rauchen auf den langen Weg nach draußen macht.

☞ Dieselbe Miss Piggy schwabbelt mehrmals täglich vor Lachen, weil sie wieder neue total witzige **YouTube-Videos** und Facebook-Witze anschaut. Sie wird sie allerdings weder weiterleiten noch anderen zeigen. Dir nicht. Niemandem.

☞ Deine **Urlaubsvorbereitung** ist keine. Im Gegenteil. Als würdest du nichts abarbeiten, wachsen die Papierberge auf magische Weise. Deine Aufgabenliste wird immer länger. Deine Mailbox befindet sich kurz vor der Kernschmelze. Deine Urlaubsvertretung wird keines der obskuren Projekte annähernd durchschauen, zumal du selbst nicht so richtig durchsteigst.

☞ **Kurz vor Schluss** kommt der lang erwartete wichtige Auftrag rein. Du hast hoffentlich Zeit, dich gleich hier am Platz darum zu kümmern? Wäre schön, meint die Chefsekretärin. Andernfalls kannst du die Sache auch zu Hause abarbeiten. Du hast ja schon eine größere To-do-Liste für den Abend. Dann füge diesen Auftrag bitte ganz oben hinzu. Und bleibe ständig erreichbar.

So nervt der Umweltkollege

Ihr habt einen engagierten Kollegen im Office. Er hat schon mehrere Greenpeace-Preisausschreiben gewonnen, verfügt über eine makellose Ökobilanz und trägt einen Nabu-Anstecker. Er regt euch an, seinem Vorbild zu folgen. Vieles hat er euch schon beigebracht. Doch es gibt noch so viel mehr zu lernen! Seine Mustergültigkeit nervt, wenn auch nur zu hundert Prozent.

- Er hat vier Abfallkörbe an seinem Schreibtisch (Papier, Nassmüll, Wertstoffe, Problemstoffe).
- Er bringt sich Sprossen in einer Blechdose mit, die schon seiner Mutter genügt hat.

- Er trinkt aus einer Feldflasche.
- Er hat die Abteilung zur Verwendung von Blauem-Engel-Recyclingpapier verdammt.
- Er druckt immer im tonersparenden Eco-Modus aus, mit verkleinerter Schrift, nach Möglichkeit mehrere Seiten auf ein Blatt, doppelseitig.
- Er benutzt Textmarker auf Wasserbasis, unter denen sich Buchseiten und Papiere wellen.
- Er stellt den Durchlauferhitzer in der Küche immer auf 0.
- Er hat seine persönliche Tasse («Stoppt den Walfang»), die er zwecks Wasserersparnis so selten wäscht wie seine Füße.
- Im Sommer geht er barfuß.
- Wenn er zeigt, wie klein sein ökologischer Fußabdruck ist, sieht man den erstaunlichen Haarwuchs auf seinen Zehen, den er streng veganer Ernährung verdankt.
- Er hält einmal in der Woche einen Vortrag gegen Kaffeekapseln.
- Im Winter dreht er die Heizung aus, die Körperwärme sei genug Heizung, sofern man auf Lüften verzichte.
- In der Dämmerung vermeidet er Kunstlicht, damit sich aller Augen wieder an die natürliche Helligkeit bzw. Dunkelheit gewöhnen.
- Er hat eine Begrünung des Büros mit Topfpflanzen durchgesetzt, mit der zugleich eine

biologische Vielfalt schützenswerter Insekten eingezogen ist.

- Am Jahrestag von 9/11 offenbart er sein Geheimwissen über Verschwörungen und zeigt am Himmel die Chemtrails (Kondensstreifen), mit denen die Amerikaner giftige Sedativa versprühen.
- Er schaltet die Monitore und Rechner der Kollegen auf Stand-by, sobald sie sich vom Platz erhoben haben.
- Er selbst arbeitet ausschließlich im Energiesparmodus.

So kannst du zusätzlich für Spannung sorgen

Trotz vieler Gründe, genervt zu sein, vergehen die Stunden im Job häufig allzu harmonisch und heiter. Das ist schädlich, denn es täuscht über die wahre Situation unserer Gesellschaft und des Planeten hinweg. Mit wenig Mühe kannst du das ändern und allen auf den Senkel gehen.

☞ Du kommentierst nicht nur die Arbeit der anderen. Du führst auch **Selbstgespräche**, in denen du die einzelnen Schritte deiner Arbeit präzise benennst («Und hier füge ich jetzt ein Komma ein»).

☞ Im Büro kannst du kaum die empfohlenen Trainingseinheiten absolvieren. Deine überschüssige physische Energie musst du transformieren. Das geht am effektivsten, indem du emsig **mit dem Fuß tappst** oder das Knie gegen die Tischplatte haust.

☞ Deine bewusste Entscheidung für eine nachhaltige regionale Ernährung unterstreichst du hörbar, indem du krachend von Äpfeln abbeißt und **knackfrische Mohrrüben** knabberst. Das Kauen mit offenem Mund öffnet die Geschmacksknospen für die Vielfalt und Üppigkeit der Aromen.

☞ Die hohe Effizienz deiner Arbeit beweist du durch die Anzahl der **Post-it-Zettel**, mit denen du deinen Monitor und übriggebliebene Freiflächen zupflasterst. Kryptische Kürzel (S/rt, K nach N, P ff) und Pfeile erhöhen den Respekt der Kollegen.

☞ **Zur Konferenz** kommst du immer ein bisschen zu spät, damit du deinen eigenen Auftritt hast. Ein bisschen Stuhlklappern gehört auch zum Handwerk. Um dich besser konzentrieren zu können, während andere reden, reinigst du deine Fingernägel und kümmerst dich endlich mal um Ohrenschmalz und Zahnbelag.

21 ätzende Psychotipps, die dir von Kollegen erteilt werden

- Du musst mehr zu dir stehen.
- Dein inneres Kind möchte in den Arm genommen werden.
- Auch du kannst dein Glücksgen wecken.
- Übe dich im inneren Lächeln.
- Du musst deine Stärken aktivieren.
- Es ist Zeit, deine Glaubenssätze zu überprüfen.
- Du stehst erst am Beginn eines Transformationsprozesses.
- Höre nicht auf deinen inneren Kritiker.
- Du musst deine negativen Gefühle annehmen.
- Was du ablehnst, das ziehst du an.
- Die Aufarbeitung deiner Biographie ist überfällig.
- Setze dir positive Ziele.
- Du musst dich mit deinen Schuldgefühlen auseinandersetzen.
- Auch du kannst aus der Grübelfalle aussteigen.
- Familienstellen würde jetzt helfen.
- Nutze die Heilkraft des Mantrasingens.
- Du musst deinen emotionalen Intelligenzquotienten steigern.
- Mit der Zeit wirst du lernen, deinen Schatten anzunehmen.
- Es ist Zeit, deine androgyne Seite zu entdecken.
- Nur noch Quantenheilung könnte dir helfen.
- Du brauchst einen neuen Therapeuten.

17 wichtige Stichworte für ein nervendes Kantinengespräch

- Fatburning-Coach
- Veganista-Diät
- Blutzuckerspiegel
- Kichererbsen
- Komplexe Kohlenhydrate
- Schüßler-Salze
- Brennnessel-Petersilien-Tee
- Kalkablagerungen
- Serotoninspiegel
- Nasendusche
- Zahnzwischenräume
- Beckenboden
- Fliegende Hitze
- Detoxen
- Fußpflege
- Bachblüten
- Fettabsaugen

☞ **die Türklingel,** die dich am frühen Morgen weckt und deren Urheber du nicht ermitteln kannst, weil du dich zu spät aus dem Bett wälzt;

☞ **das Hämmern** aus einer Nachbarwohnung, das nach kurzer Stille erneut losgeht, um dann etwas länger zu pausieren, dann geht es abermals los, dann folgt eine kurze Stille, dann wieder Hämmern;

☞ **die Vermehrung** einzelner Socken in deiner Schublade, als hätten sich alle Paare getrennt und jeweils ein Partner wäre ausgezogen;

☞ **die Wimper,** die dir beim Reiben ins Auge geraten ist und die sich mit Wischen und Hochziehen des Lides partout nicht entfernen lässt;

☞ **der Handwerker** von der Hausverwaltung, dessen Atem deine Räume mit einer Mischung aus Bier und Schnaps aromatisiert;

☞ **der PC,** dessen Bild plötzlich einfriert und der nicht wieder zum Leben zu erwecken ist, obwohl du deine wichtigsten Dateien noch nicht abgespeichert hast;

☞ **der Regen,** der gegen deine frisch geputzten Fenster schlägt;

☞ **der Stau,** bei dem plötzlich die Autos auf der rechten Spur minutenlang an deiner Spur vorbeifahren, ohne dass dir jemand die Chance zum Einfädeln gibt;

☞ **der Rentner,** der sich in Stasimanier deine Nummer aufschreibt, als du endlich einen Parkplatz gefunden hast, der genau genommen keiner ist;

☞ **der Kollege,** der aus ökologischen Gründen gegen jedes Deo ist, offenbar auch gegen Seife, und der sich trotzdem über dich beugt;

☞ **das Brot im Restaurant,** in das der Zementstaub vom letzten Umbau eingebacken sein muss, sonst könntest du es brechen oder mit dem Messer zersägen;

☞ **die Schnoddernase,** die zu laufen beginnt, als du partout kein Taschentuch finden kannst;

☞ **die Tischkante,** gegen die du semmelst, weil du der Hängelampe ausweichen willst;

☞ **der Verkäufer,** der alles schönlügt und dir einreden will, du könntest das absolut nicht sitzende Teil sehr gut tragen;

☞ **das Wartezimmer,** in dem du trotz Termin deine Lebenszeit absitzt, während die Keime von speckigen Zeitschriften und die Viren von niesenden Nachbarn sich bei dir einnisten;

☞ **der Taxifahrer,** dem du den Straßennamen ins Navi buchstabieren musst, weil er keine Ahnung hat, in welcher Stadt er überhaupt unterwegs ist;

☞ **der Hundebesitzer,** der gut gelaunt mit dir Freundschaft schließen will, nachdem sein Pitbull oder Mastiff dich gerade spielerisch angefallen hat;

☞ **die Kassiererin** im Supermarkt, die in den unendlichen Tiefen der Regale verschwindet, um einen Preis zu suchen, sodass deine extrakurze Schlange am längsten warten muss;

☞ **der Preisaufkleber** am Geschenk, den du mit einem Fön entfernen müsstest und der dich nun als Geizhals entlarven wird, weil du ihn mit den Fingernägeln nicht vollständig abgnibbeln kannst;

☞ **der Küchengestank,** der dich im Hausflur empfängt, eine Mischung aus Kohl, Fisch und altem Zigarettenrauch;

☞ **das Paket,** das laut Sendungsverfolgung heute bei dir ab-gegeben worden ist, aber weder hast du es, noch hat ein Nachbar es bekommen, noch ist irgendein Zettel hinterlas-sen worden;

☞ **die Wäsche,** die du aus der Maschine holst und die von Tausenden weißer Fussel übersät ist, weil du eine einzige Hosentasche nicht auf Papiertaschentücher kontrolliert hast;

☞ **die Flasche,** die du nicht aufkriegst, weil sie eine Kinder-sicherung hat;

☞ **die Türzarge,** die deine Finger einklemmt und am liebsten festhalten würde, weil ihr beide – du und sie – sonst so wenig Zuwendung bekommt;

☞ **die Kerze,** die du romantisch findest, bis du bemerkst, dass ihr Wachs nicht auf den Tisch, sondern auch auf den Teppich getropft ist;

☞ **der Gedankenstrom,** der dich nicht einschlafen lässt, weil er einzig um das Thema kreist, dass du morgen besonders früh aufstehen musst;

☞ **die Autos,** die nachts unter deinem Fenster den Motor aufheulen lassen, weil die Fahrer zu besoffen sind, um ein-zuparken;

☞ **die fröhliche Party,** die total spontan gegen zwei Uhr in der Wohnung über dir beginnt.

LIEBESWAHN

Du bist eine Frau

Eigentlich möchte dein Partner sich nicht über dich aufregen. Er ist zufrieden, wenn du lautlos im Hintergrund wuselst. Also in einem anderen Zimmer, wenn nicht gar in einer anderen Wohnung. Aber so hat er sich das gedacht. Du weißt, wie heilsam Krach sein kann. Wie gut Ärger und Aufregung einer Beziehung tun. Wie häufig Streit einfach sein muss. Er wird es dir danken. Also los!

So bringst du ihn auf Temperatur

☞ **Du erkennst die Probleme.** Du bist sensibel. Selbst kleinste Hinweise auf tieferliegende Beziehungsprobleme entgehen dir nicht. Du entdeckst die Probleme nicht nur in seinen Worten. Auch in seinem Schweigen. Und mehr noch in den

Kleinigkeiten, die andere übersehen würden. Du weißt: Alles hat etwas zu bedeuten. Um welche Zeit er nach Hause kommt, hat etwas zu bedeuten. Mit wem er telefoniert, hat etwas zu bedeuten. Was er in der Schublade verbirgt. Wo er die Socke liegen lässt, auch das ist kein Zufall. Oder wie er die Zahnbürste hinlegt: freundlich zu deiner gerichtet oder abweisend anderswohin? Hat er das Auto weit weg geparkt, damit du weit gehen musst? Oder ganz nah, weil er dir einen weiten Weg nicht zutraut? Hinterfrage alles. Und lass ihn nicht entkommen. Stelle ihn zur Rede!

☞ **Du findest dich ein bisschen zu dick.** Aber zu Recht? Die Königin im Märchen fragt in so einem Fall den Spiegel. Du hast auch einen Spiegel. Doch der antwortet nicht. Zumindest nicht auf freundliche Art. Also musst du deinen Freund fragen, deinen Partner. Du fragst ihn entweder ganz direkt: «Findest du mich auch zu dick?» Oder verstohlener, die Frage in eine Feststellung kleidend: «Ich glaube, ich bin zu dick.» Nun achte genau auf seine Reaktion. Vermutlich wird er es abstreiten. «Nein», «Ach, Quatsch», «Finde ich überhaupt nicht», «Ganz im Gegenteil». Aber ist sein Tonfall überzeugend? Oder kommt die Antwort routinemäßig, weil ihn das überhaupt nicht interessiert? Schaut er womöglich gar nicht hin? Wiederhole die Frage möglichst oft, um seine wahre Ansicht herauszufinden. Wenn er endlich so etwas schreit wie: «Ja, mein Gott, du bist eine fette Sau!», dann hast du ihn. So also denkt er. Hat er immer gedacht.

☞ **Du siehst fern.** Er sieht Fußball. Er mag Kugeln, die über den Rasen getreten werden. Okay. Du aber interessierst dich für Menschen. Du hast eine Seele voller Mitempfinden. Deshalb verfolgst du Serien, in denen rote Rosen blühen, in denen täglich der Sturm der Liebe braust oder in denen sorgenvolle Ärzte notleidende Menschen in aller Freundschaft operieren. Sorge dafür, dass dein Freund up to date bleibt, auch wenn er nicht jede Folge mitsieht. Erkläre ihm, woran Robert bestürzt erkannt hat, dass er Eva an Markus verloren hat. Oder warum Jacob neuerdings Michael schneidet. Was der alte Pförtner Weises gesagt hat. Und warum der Defibrillator im Fall des Grafen Alfons plötzlich versagt hat. Dein Freund kann sich das nicht alles merken? Schärfe es ihm genauer ein. Führe es ihm vor Augen. Male es aus. Er will es gar nicht wissen? Dann weißt du, wie weit sein Interesse für dich geht! Bei allem, was dir am Herzen liegt, hört oder schaut er weg. Das erfordert ein Beziehungsgespräch.

☞ **Du hast eine Freundin.** Du liebst sie. Wenn ihr euch seht, fallt ihr euch um den Hals, herzt, knuddelt, küsst euch. Ihr zwitschert und säuselt. Ihr seid unzertrennlich. Erst wenn sie außer Hörweite ist, erklärst du deinem Freund die Wahrheit über sie. Dass sie neulich was im Laden hat mitgehen lassen, dass sie häufig lügt und leider kein Vertrauen verdient hat. Dass sie ein Messie ist und nie pünktlich sein kann. Dass ihre Kaufsucht allmählich krankhafte Züge annimmt und dass sie ewig keinen Sex mehr gehabt hat. Wahrscheinlich hängt beides zusammen. Diese Freundin gerät immer an die Falschen und hängt völlig irrational noch an ihrem Ex von vor drei Jahren. Obendrein ist sie sagenhaft geizig und weiß immer alles besser. Freunde hat sie nur auf Facebook. In Wirklichkeit mag sie keiner. Deshalb ist sie im Innersten total unsicher, deshalb wirkt sie so gehemmt. Vermutlich wurde sie schon in frühester Kindheit verkorkst. Aber Therapien lehnt sie ab! Dabei hat sie nicht nur körperlich jede

Menge Probleme, vor allem psychisch hat sie einen echten Knacks. Und dann redet sie auch noch schlecht über andere. Erkläre das deinem Freund, der für all so etwas keinen Blick hat. Er soll die Wahrheit wissen.

☞ **Du nimmst dir Zeit für dich.** Deshalb bleibst du etwas länger im Badezimmer. Du pflegst dich. Im Gegensatz zu gewissen anderen Leuten, etwa zu dem da draußen, jenseits der Badezimmertür, achtest du auf deinen Körper. Duschen, frisieren, epilieren, bisschen schminken. Für dein Make-up brauchst du nicht viel, allenfalls Foundation, Lippenstift, Rouge, vielleicht etwas Kajal, Eyeliner, Mascara, Concealer. Das ist es schon. Malen, pinseln, pudern, zupfen. Ausprobieren, wegwischen, nachbessern. Zwischendurch den Schminkspiegel reinigen. Hier, in diesem Raum, zeigt sich deine Kreativität. Du bist Künstlerin. Deshalb ist es dir auch keineswegs egal, was du anziehst. Nachdem du so lange das Bad blockiert hast, bis er ausgerastet ist, kommt also die Kleiderschrank-Nummer. Du willst dich nun mal gut gestylt fühlen. Egal, ob sportlich, modisch oder vintage: Es muss dein Stil sein. Und alles muss stimmen, nicht nur im Schlafzimmerspiegel, auch am Fenster beim Tageslichttest. Das ganze Outfit. Die Strümpfe sollen zur Handtasche passen, der Nagellack zum Tuch, die Sonnenbrille zur Unterwäsche. Zugegeben, das kann dauern. Nein, das *muss* dauern. Perfekt ist es erst, wenn er durch die Decke geht.

☞ **Du räumst ihm Mitsprache ein.** Das ist hart für ihn. Aber auch er kann Demokratie lernen. Am besten klappt das, wenn er dich beim Shopping begleitet. Schuhe scannen und dabei mit ihm die Vokabeln durchgehen, die er beim letzten Mal gelernt hat: Plateau, Peeptoe, Stilettos, Boots, Stiefeletten, Booties, Pumps. Die hat er drauf? Und weiß, worum es jeweils geht? Hat er auch die Unterschiede zwischen Louboutins und Manolos und zwischen Miu Miu und Prada begriffen? Bleib dran! Auch total wichtig für ihn: ein cooles Teil in der richtigen Größe für dich zu finden. Während du einen Berg von Klamotten in die Kabine transportierst, soll er sich zur Beratung fit machen. Das ist der Test. Er darf ja gern seine E-Mails checken, während du dich umziehst und einen Blick in den Kabinenspiegel wirfst. Aber dann trittst du vor den Vorhang. Er: «Das sieht gut aus!» Oh, oh. Schwach von ihm. Schon durchschaut. «Du schaust ja gar nicht richtig hin», stellst du wahrheitsgemäß fest. Beim nächsten Teil behauptet er: «Das sieht jetzt aber wirklich gut aus!» Trübsinnige Performance von ihm! «Du willst ja nur schnell wieder raus!», merkst du an. Und wenn er glaubt, jetzt hätte er es geschnallt und beim dritten Teil sagt: «Nein, das steht dir nicht», dann hat er sich richtig gründlich geirrt. «Du hast ja überhaupt keinen Geschmack», teilst du ihm verächtlich mit. Faustregel: Egal, was er sagt, es kann nur falsch sein. Es gibt Männer, die so tun, als würden sie mit intuitivem Modeverstand hinschauen, die also kritisch die Stirn runzeln und bei den ersten sechs Teilen den Kopf schütteln, um dann beim siebten zu sagen: «Wow, *das* steht dir!» Aber das ist lachhaft! Auf den Trick fällst du nicht rein. Du machst einfach den von Kristen Stewart erfundenen Test: Du legst das siebente Teil beiseite und ziehst es als 28. Teil wieder an. Wenn er dann nicht merkt, dass du es schon mal angehabt hast, müssen die Folterqualen für ihn erhöht werden. Bis er es endlich aus tiefstem Herzen spannend findet, dich in diese Welt zu begleiten. Also bis in die Unendlichkeit. Herrlich!

☞ **Du bist kommunikativ.** Du hältst Kontakt. Und du liebst Bewegung. Deshalb schreibst du SMS, deshalb bist du mit WhatsApp und auf Facebook unterwegs. Du postest, wo du gerade bist (im Bus), was du gerade machst (fährst nach Hause), wie es dir geht (bist müde, hast etwas Kopfschmerzen), was du gerade hörst (total schöne Musik) und dass du dich wahnsinnig auf irgendwas freust (Essen, Katze, Gesichtsausdruck deiner Mutter). Du kannst auch was über deine Nachbarn im Bus schreiben (nerven) oder deine Pommestüte fotografieren – all das kommt überall gut an. Du schickst es herum und kriegst super Antworten, weil du ja von den anderen auch was wissen willst: Wo bist du? Was machst du? Wie geht es dir? Vielleicht spielst du auch mit jemandem ein Quiz-Game zum Liften deiner Allgemeinbildung. Und natürlich musst du mitteilen, welche Musik und welchen Star du gerade ätzend findest; das interessiert alle. Bleib dran. «Mit wem schreibst du dir eigentlich?», forscht dein Partner, der neben dir sitzt. Tja, das würde er gern wissen! Er schielt rüber, weil er mitlesen will. Okay, dann schicke ihm zur Beruhigung drei Zeilen auf sein Display und unterschreib mit LG. Wenn ihr im Restaurant sitzt und aufs Essen wartet, poste schon mal den Anblick des Weinglases für die anderen. Und wenn du mit einer Hand tippen kannst, brauchst du dein Phone nicht mal aus der Hand zu legen, wenn das Essen kommt. Bitte deinen Partner, dir das Fleisch zu schneiden, damit du inzwischen weiter mit der Welt in Verbindung bleiben kannst. Falls er dann ausrastet, liebt er dich nicht. Falls er nicht ausrastet, hat er keine Leidenschaft.

☞ **Du achtest auf deine Ernährung.** Du kennst deinen Kalorienbedarf, deine Lieblingsvitamine, deinen durchschnittlichen Fettverbrauch. Deinen Partner interessiert das nicht. Gerade deshalb ist es nützlich für ihn, dir zuzusehen, wie du nacheinander Low-Fat-, Low-Carb- und Glyx-Diäten ausprobierst. Wie du wochenlang ausschließlich von Obst und Gemüse lebst, dann von veganer Rohkost, dann wieder nur von Fleisch, Eiern und Käse. Er braucht die Websites und Zeitschriften nicht zu studieren, die dir geläufig sind. Du vermittelst ihm die Essenz. Was Heißhungerattacken und Jo-Jo-Effekt sind, hat er an dir schon beobachten können. Jetzt machst du ihn noch mit dem Insulinprinzip vertraut und bimst ihm den glykämischen Index ein. Bald weiß er auch, ob er ernährungstechnisch mehr Typ Ackerbauer oder Nomade ist. Mit deiner Hilfe kapiert er, dass die Jäger und Sammler nichts von Milchprodukten und nichts von Getreide hielten und dass er also keineswegs wie sein Vater auf eine Weizenwampe zusteuern muss. Nicht, wenn du sein Diät-Coach bist! Nach dem ersten Rendezvous mit dir wusste er schon, was Trennkost ist. Inzwischen gehen ihm Namen wie Cordain, Montignac und Dukan locker von der Zunge. Er ruft sie nachts in seinen Albträumen. Das ist ein gutes Zeichen. Bibel-Diät, Hollywood-Diät. Denn selbst wenn er nicht mitmacht, sollte er sich doch im Klaren darüber sein, in welch kritischem Stadium du dich gerade befindest – also ob in der Angriffsphase, in der Aufbauphase oder der Stabilisierungsphase deiner Diät. Im Zweifelsfall erkennt er es daran, dass er nicht aufs Klo kann, weil du dich dort dauerhaft eingenistet hast. Wenn er vor der Tür randaliert, hast du optimal zu seinem Kalorienverbrauch beigetragen.

☞ **Du hast eine Flatrate.** Er auch. Aber er nutzt sie nicht. Du tust das. Erstens, weil du deine Erlebnisse gern mit anderen teilst. Zweitens, weil du einen größeren Wortschatz hast als er. Drittens, weil du, im Gegensatz zu ihm, Seelenbewegungen direkt spürst und zur Sprache bringen musst. Liebeskummer, Hoffnung, Verzweiflung, Enthusiasmus, Ratlosigkeit, Langeweile – egal, du bist immer in Kontakt mit deinen Gefühlen. Und teilst sie mit. Nicht ihm. Er könnte nichts damit anfangen. Sondern der Freundin, die du zwar nachher sowieso triffst, aber ein Telefonat mit ihr jetzt macht auch schon Spaß. Später, wenn du sie getroffen hast, fallen dir noch viele wichtige Details ein. Du musst sie anrufen! Du telefonierst, während du dich auf die Couch kuschelst. Oder während du aufräumst. Du kannst beim Telefonieren essen, die Betten machen, dich eincremen, im Web surfen, aufs Klo gehen. Stört alles nicht. Du kannst ungezwungen weiterreden. Jedenfalls mit deinen Freundinnen. Wenn du mit ihm telefonierst, kommen nur einsilbige Beiträge: Aha, ach so, okay. Das bringt nichts. Daran merkst du nur, dass er abschweift. Deshalb hast du super Telefonfreundinnen. Er macht die Tür deines Zimmers auf: Du lächelst und winkst, du telefonierst gerade. Er kommt in die Küche. Du telefonierst gerade. Er will in die Badewanne. Da telefonierst du gerade. Rastet er endlich aus? Super. Dann hast du ihn in Kontakt mit seinen Gefühlen gebracht!

Und das tut er für dich, damit du dich aufregen kannst!

Okay, er ist arbeitssüchtig, sexsüchtig, computersüchtig. Das sowieso. Er zockt, er nörgelt, er hilft nicht im Haushalt. Er ist schlampig, unpünktlich, rechthaberisch. Alles klar, inbegriffen, abgehakt. Er erzählt nichts, hört nicht zu, weiß aber alles besser. Er hängt noch an seiner Ex, ist insgeheim schwul, hat keine Lust mehr. Geschenkt. Aber was hat er heute konkret zu bieten, damit die Beziehung ätzend bleibt und vielleicht noch nerviger wird?

☞ **Er sucht.** Und er bekennt sich offen dazu. Als Mann ist er auf der Suche nach Freiheit, nach dem Sinn des Lebens, nach dem Weiten, Großen, Wesentlichen. Faktisch läuft es auf Kleineres hinaus: Wo ist sein Schlüssel? Seine Bankkarte? Seine Brille? Er ist zu phantasievoll, um die Sachen immer am selben Platz abzulegen. Und falls sie am selben Platz sind, sucht er sie lieber woanders. Klassisch sein Blick in den Kühlschrank: «Ist hier irgendwo noch Butter?» Sie steht vor seiner Nase. «Häh? Ich seh nix!» Oder: «Hast du meine Latschen gesehen?» Sie stehen unter dem Tisch, von dem er in Socken aufgestanden ist. Was die anderen Sachen betrifft, sei ehrlich: Wo hast du sie versteckt? Du hast sie doch beim Aufräumen absichtlich irgendwo untergegraben?

☞ **Er putzt.** Und zwar seine Zähne. Glaubst du nicht? Schau einfach nach: Sind die Spritzer und die weißen Pünktchen auf dem Spiegel nicht Beweis genug? Er nimmt es dir nicht übel, wenn du sie entfernst. Er merkt es nicht mal. Dass du auch noch seine Rasurreste, Ohrstäbchen, abgesäbelten Fingernägel entsorgst – wunderbar. Bitte hebe auch sein Handtuch auf. Und schließe den Deckel deiner Creme, die er benutzt hat. Aber wichtiger Tipp: Geh nicht gleich ins Bad, nachdem er drin war! Er lüftet nur ungern. Er liebt seinen eigenen Geruch. Den Klodeckel hat er möglicherweise geschlossen. Nur um dich zu überraschen, lässt er ihn auch mal offen. Dass er tiefe Gedanken wälzt, erkennst du an einer komplett aufgeklappten Brille. Die Klopapierrolle wird an einem anderen Platz liegen als vorher und jedenfalls nicht in der Halterung sitzen. Du genießt das doch, oder? Dass sein Reißverschluss offen ist, brauchst du ihm erst zu sagen, wenn er aus dem Haus geht.

☞ **Er zimmert.** Handwerklich ist er geschickt. Er weiß, dass man mit einer Feile feilt. Mit einem Hammer Nägel in Wände hauen kann. Und er erkennt den Unterschied zwischen Kreuzschraubenzieher und Schlitzschraubenzieher, wenn er beide vergleichen darf. Er besitzt eine eigene Werkzeugkiste. Und wenn er die auspackt, kommt das sehr fachmännisch rüber. Du hältst den gebotenen Sicherheitsabstand, falls er die Zange ansetzt, um einen alten Nagel aus der Wand zu reißen. Du hältst bitte Verbandszeug bereit, wenn er den Hammer schwingt. Fertig? Atme auf. Er geht triumphierend aus dem Zimmer. Das Werkzeug lässt er liegen. Zange, Nägel, Schnupftuch, was sonst noch gebraucht wurde. Wenn der Krieger die Stätte verlässt, bleiben die Waffen dort, wo sie ihre tödliche Wirkung erzielt haben. Räume sie sorgsam ein. Du bist verantwortlich, wenn etwas fehlt. Sei übrigens froh, wenn er keine echte handwerkliche Begabung hat. Sonst wäre eure Wohnung längst rustikal getäfelt.

☞ **Er hat zu tun.** Und zwar Wichtigeres. Das fällt ihm meist ein, wenn er irgendwo sein Glas abgestellt hat. Oder wenn er sich seines kratzigen Pullovers entledigen durfte. Oder wenn er seine Socken nach eingehender Geruchsprobe als nicht mehr genießbar verwerfen musste. Dann bleiben sie liegen, wo er geschnuppert hat. Alles bleibt da, wo es zuletzt noch und dann nicht mehr benötigt wurde. Deshalb steht der Joghurtbecher auf dem Lautsprecher und der Milchkarton – aus dem er direkt trinkt à la freie Wildbahn – auf der Rückenlehne des Sofas. Bist du so lieb und hebst die Hosen auf und was da sonst noch vor seinem Bett liegt? Das hat seine Mutter auch so gemacht, als er vier war. Und wenn du gerade dabei bist und er nicht hinsieht, schnüffel bitte in den herumliegenden Haufen nach, was in die Wäsche muss von den abgewetzten Jeans und zerschlissenen Lieblingsshirts. Im Zweifelsfall alles.

☞ **Er isst.** Und zwar auf urmännliche Art. Also wie damals, als er das Mammut gejagt hat. Die unschätzbaren Köstlichkeiten, für die du deine Freizeit in der Küche vergeudet hast, schlingt er gefräßig hinunter. Kann sein, dass er dabei schon zu zappen beginnt und die News checkt. Bei der Sache ist er jedenfalls nicht. Mache den Test und frage ihn etwas später. Er weiß anschließend nicht mehr, was er gegessen hat. Nur dass er gähnen muss. Falls er auf Steinzeit-Diät steht, kann es vorkommen, dass er eine Zwiebel so isst wie zivile Leute einen Apfel: krachend abbeißend, schmatzend und dich im Vorübergehen per Atemhauch antiseptisch einhüllend. Wenn du richtig Pech hast, hält er sich für einen Feinschmecker, wenn er diese überreife Rotschimmelsorte lutscht, die von der Human Rights Watch als Folter geächtet worden ist.

☞ **Er ist romantisch.** Allerdings nur, wenn du nicht dabei bist. Also zum Beispiel, wenn er unterm Kopfhörer melancholisch von unendlichen Weiten träumt. Oder wenn er nächtelang in seinem Arbeitszimmer kühnen Ideen nachhängt. Und, das ist nun aber echt romantisch, wenn er in *World of Tanks* ein neues Territorium besetzt hat. Wenn du willst, kannst du da übrigens in einen Wachturm einziehen, den er extra für dich erobert. Da kannst du dann rapunzelmäßig das Haar herunterlassen. Alles virtuell. Falls du ihn ins echte Leben zwingst, falls du ihn etwa nötigst, etwas mit dir zu unternehmen, wirst du ihn dazu bringen müssen, vorübergehend aufs Handy zu verzichten. Du wirst ihn darauf aufmerksam machen müssen, dass er dir den Wein nachschenkt. Oder vielleicht mal ein Kompliment macht. Sicher tröstet es dich, wenn er seinen Charme wenigstens bei deinen Freundinnen hervorkehrt und sich erst zu Hause hängenlässt. Wenn du dich nach Zärtlichkeit sehnst, stell dir einfach vor, du seiest die Fernbedienung, deren Knöpfe er so fleißig drückt, wenn er durch die Programme hastet.

☞ **Er weiß, wie es gemacht werden muss.** Und das reicht ihm. Er muss es nicht auch noch tun. Er weiß theoretisch, wie man einen Knopf annäht. Aber er ist so fair, es dir zu überlassen, um deiner Selbstverwirklichung willen. Er kennt den Weg zum Flaschencontainer, aber es ist besser für deine Muskulatur, wenn du die leeren Flaschen selbst wegbringst. Müll mit runternehmen ist eh nicht sein Ding. Er hat andere Begabungen. Du kannst zum Beispiel sehr geschickt den Geschirrspüler füllen, er nicht so; du hast sicher richtig Spaß dabei, dann tue das auch! Es muss reichen, wenn er seinen Teller irgendwo in Sichtweite stellt. Er kann gut Geschirr stapeln und würde dafür sogar einen Preis bekommen, wenn es einen gäbe. Fürs Wegpacken bist du begabter.

Und du bist auch cleverer, findet er, wenn es ums Wischen und Staubsaugen geht. Darin findest du doch deine Erfüllung, stimmt's? Eines muss man ihm lassen: Saftpackungen stellt er zurück in den Kühlschrank, wenn er sie ausgetrunken hat. Eine Anstandspfütze für dich ist noch drin.

☞ **Er hütet das Geld.** Er ist ein Finanzgenie. Du ja leider nicht. Du gibst immer wieder Geld aus für so unsinnige Dinge wie Schuhe oder einen Friseurtermin. Er macht das besser. Er informiert sich ausführlich. Er liest die Tests, checkt die Bestenlisten. Er kalkuliert das Preis-Leistungs-Verhältnis. Und wenn er dann mal einkaufen geht, dann bedeutet das zugleich eine Optimierung eures Haushaltes. Er braucht keinen Einkaufszettel, er hat alles im Kopf. Dass er nachher ganz andere Sachen mitbringt, hat höhere Gründe: Ganz geschickt nutzt er die Supersonderangebote der Discounter. Deshalb all die Wechselrahmen, Unterbauleuchten, Verlängerungskabel, Pflanzgefäße und Sägeböcke in eurer Wohnung. Irgendwann wirst du ihm dankbar dafür sein. Dass du kein Geld für einen neuen Lippenstift aus dem Fenster werfen sollst, wirst du wohl verstehen. Er braucht das Geld für Autos und technische Neuerungen und muss auch ein bisschen an der Börse zocken. Also bitte verschwende nichts.

☞ **Er hört zu.** Allerdings nicht dir. Stattdessen seinem Kumpel am Telefon oder irgendeinem Reporter beim Newsflash. Zwar sieht er dich gelegentlich an, wenn du redest. Er nickt sogar, als verstehe er. Er spendet einfühlsame Worte wie «Ah ja», «Ja, klar» und «Ach so». Doch obwohl er keine Watte in den Ohren und keine Kopfhörer trägt, kommt von dem, was du da erzählst, in seiner Großhirnrinde absolut nichts an. Das hat Vorteile. Erstens kannst du ihm deine Neuigkeiten immer wieder als Neuigkeiten verkaufen. Und zweitens, viel wichtiger: Du darfst dich mit vollem Recht aufregen. Du kannst ihn mit reinem Gewissen zusammenstauchen. Wie ein notorischer Schulversager hat er mal wieder nichts von dem behalten, was du ihm nachdrücklich eingeschärft hast: dass deine Eltern zu Besuch kommen, wann er euer Kind abholen oder mit dem Hund raus soll, dass du mit einer Freundin ins Theater gehst, dass er tanken muss, dass er ein Geschenk kaufen soll, weil du morgen Geburtstag hast.

☛ **Er liebt die Familie.** Aber nicht deine. Und auch seine eigene nur, solange er nicht von ihr behelligt wird. Falls ihr Kinder habt, wirst du sie erziehen müssen. Er versucht es ja auch mal, ab und zu, und dann auf die rigorose oder auf die großspurige Tour. Entweder er will mal zeigen, wie es richtig gemacht wird. Oder er will mal den ganz tollen Sportsmann von Vater raushängen lassen. Deinen Zeitplan kannst du dann getrost vergessen. Und die pädagogische Konsequenz, die du dir selbst mühsam abgerungen hast, ist für die nächste Zeit ebenfalls flöten. Er geht über all das hinweg, wenn es ihm bequem oder vorteilhaft erscheint, und gibt es als geniale Methode aus. Was immer er da vollbringt, ausbaden musst du es. Verantwortung liegt ihm nicht so.

☛ **Er hält Ordnung.** Nicht vor seinem Bett, nicht im Badezimmer und schon gar nicht in der Küche, wenn er einen Abend lang den Chefkoch spielt. Aber er hat seine Bereiche. Die sind unantastbar. Männer entwerfen philosophische Systeme, botanische Systeme, Spielsysteme, sie erstellen Paragraphensammlungen, Schmetterlingssammlungen, Briefmarkensammlungen. Sie schreiben Lexika. So weit geht sein Ehrgeiz nicht. Aber er hegt seine Online-Fotosammlung, seine Flaschensammlung, seine Zeitschriften. Er hütet die Mineraliensammlung seines Urgroßvaters und die Modelleisenbahn seines Großvaters. Am wichtigsten: Er kontrolliert das Weltklima, indem er sein Innen-außen-Thermometer ständig im Auge behält. Um ihn herum mag das Chaos der Familie toben, magst du selbst toben, im Auge des Sturms herrscht Ordnung. Bitte puste nicht. Oder nur, wenn richtig was los sein soll.

☞ **Er kennt das Leben.** Und die Welt. Du kannst ihn gern fragen. Er weiß über alles Bescheid. Auch auf deinen Spezialgebieten kennt er sich besser aus als du. Entweder du lässt ihn gewähren, oder, um ein bisschen Leben ins Haus zu bringen, du widerlegst ihn kurzerhand. Das wird heftig. Als Mann kann er keine Fehler eingestehen, das ist genetisch verboten. Aber er wird sie machen. Zum Beispiel, wenn er die Gebrauchsanweisung nicht liest, weil er das Gerät auch so durchschaut. Die Garantie verfällt übrigens, sobald er es berührt. Oder wenn er in irgendeine Gesellschaft als persönlichen Durchblick zum Besten gibt, was er sich aus halbverstandenen Newskommentaren zusammengereimt hat. Er erklärt dir die Börse, wird aber vorsichtshalber den Mund halten, wenn ihr zu zweit vor einem echten Experten sitzt. Seine Urteile zu Fußballspielen sind unumstößlich, seine Kommentare zu den Fernsehnachrichten sind die eines Weltenherrschers, eines Gottes. Widerspruch kann hier sehenswerte Erdbeben verursachen.

Er ist zu übermütig? Hier sind 14 Orte, an denen sein Mut sinkt

- Sofa der Schwiegereltern
- Fashion Shop
- Wartezimmer
- Rote Ampel
- Supermarkt
- Vorzimmer des Chefs
- Stau
- Theatersaal
- Zahnarztstuhl
- Standesamt
- Kreißsaal
- Kinderzimmer
- Sonntäglicher Mittagstisch der Familie
- Ehebett

Er will sich häufiger aufregen? So unterstützt du ihn!

☞ Sage ihm **in Gegenwart von anderen,** was er zu tun und was er zu lassen hat. Gern lächelnd: «Ich glaube, du hast jetzt genug getrunken.»

☞ **Putze hinter ihm her.** Denn wo er geht und steht, verbreitet er Schmutz.

☞ **Kontrolliere sein Handy.** Es ist wichtig, dass ihm bei seinen Kontakten keine Fehler unterlaufen.

☞ **Räume seine Sachen weg.** Aber so, dass er sie nicht mehr wiederfindet. Also einfach an den gewohnten Platz.

☞ **Fordere Lob ein,** wenn du etwas Neues trägst oder beim Friseur warst.

☞ **Frage ihn mitten im Film** nach den Motiven der Figuren: «Das verstehe ich nicht. Warum macht er das jetzt? Und wohin will sie denn, zu ihrer Mutter?»

☞ Werde nicht konkret. Sage **indirekt,** was du willst. Das Raten belebt seinen Kreislauf.

☞ Er ist immer noch ein kleiner Junge. Er braucht **Süßigkeiten und Vorschriften.** Verhätschele ihn und sage ihm, wo es langgeht.

☞ Nimm dir Zeit, wenn ihr zu zweit etwas macht. **Lasse ihn warten.** Nur dann erreicht sein Blutdruck perfekte Level.

☞ Er hat so etwas schon über Frauen gelesen und gehört, aber es ist belebender, wenn du ihm das Drama direkt bietest: Stelle dich vor den Kleiderschrank und beklage live, du hättest **nichts anzuziehen.**

☞ Nimm ihn mit **in die Stadt** zum Einkaufen, gern am Samstag oder an einem verkaufsoffenen Sonntag. Nach hunderttausend Jahren allein in der Wildnis sollen sich seine Gene mal an wimmelnde Menschen gewöhnen.

☞ Wenn er dich ans Steuer lässt, **fahre langsam.** Gib den Ampeln eine Chance, rot zu werden. Erhöhe das Selbstwertgefühl anderer, indem du sie überholen lässt. Das steigert die Durchblutung seiner Stirnadern.

☞ Beginne eine **Beziehungsdiskussion.** Aber nicht vormittags, auch nicht nachmittags, sondern spätabends, kurz vor dem Schlafengehen.

☞ Frage ihn, **woran er denkt,** wenn er geistesabwesend wirkt oder lächelt. Und nach dem Sex. Oder am besten schon beim Sex.

☞ Mache **einen besseren Menschen** aus ihm. Das geht jederzeit, jeden Tag.

Seine Mannschaft hat verloren? So gießt du Öl ins Feuer!

Nicht jeder Mann sieht Fußball? Aber deiner tut es. Freue dich auf den Abend der Niederlage! Als die deutsche Mannschaft bei der WM ausschied, erhielt die deutsche Telefonseelsorge viele begeisterte Anrufe. Anrufe von entzückten Frauen. Von Frauen, deren Männer zu längst vergessener Leidenschaft aufliefen. Die Männer zerhackten Küchenschränke, spalteten Fernseher und verstauchten sich den Fuß beim Versuch, ein Seil an die Zimmerdecke zu knüpfen. Dein Partner mag kein Wohnzimmer-Hooligan sein. Er ist sogar gerechtigkeitsliebend. Er behauptet, die bessere Mannschaft solle gewinnen. Doch wenn seine Mannschaft verliert, im Pokal oder in der Meisterschaft, oder wenn sie sogar absteigt oder wenn die Deutschen rausfliegen, dann erwacht auch bei ihm Leidenschaft. Dann wird die Sauerstoffversorgung des Herzmuskels gesteigert, die Halsschlagadern pochen, die Schwellkörper schwellen, er wird total durchblutet. Und das kannst du unterstützen.

☞ **Tröste ihn!** Denn Trost nach einer Niederlage belebt sein vegetatives Nervensystem. Liefere ihm Weisheiten wie

«Fußball ist doch nicht alles!» Dann tobt er rumpelstilzchenmäßig. Schließlich hat er gerade ganz persönlich, und leider ohne eingreifen zu können, das entscheidende Spiel verloren. Deine ungerührte Souveränität ist genau das Tröpfchen, das das Fass zum Überlaufen benötigt. Er rastet aus. Herrlich, ihn so verjüngt zu sehen!

☞ **Frage ihn um Rat!** Bei reiferen Männern erkaltet das Feuer oft allzu schnell. Halte die Flamme am Leben, und zwar indem du fragst. «Wo, meinst du, ist es denn schiefgelaufen? Und welcher Spieler hat dich am meisten enttäuscht? Und was waren die grauenhaftesten Fehlentscheidungen des Schiedsrichters? Meinst du, dass dieser Schiri noch mal zugelassen wird? Und da der Trainer jetzt ja wohl gehen muss, wen würdest du als Nachfolger vorschlagen?» Jede dieser Fragen belebt den Schmerz aufs Neue. Jedes Mal kocht die Aufregung neu hoch. Und mit seinen Anworten kann er seine Überlegenheit beweisen. Das belebt den Stoffwechsel.

☞ **Bohre nach.** Erforsche, was er selbst besser gemacht hätte. Lass ihn nicht zu schnell zur Ruhe kommen. «Wenn du Trainer wärest, wann hättest du das Konzept umgestellt? Vor allem wie?» Noch einmal flackern die Bilder von der Niederlage grell über seine innere Leinwand. Natürlich weiß er auf Anhieb, was er besser gemacht hätte. Dabei jedoch merkt er zugleich, dass ihm die Chance, es besser zu machen, nie gewährt sein wird. Weil er es einfach nicht so weit gebracht hat. Weil er, let's face it, sein Leben verfehlt hat. Und jetzt könnte er platzen!

☞ **Kurbele sein Adrenalin an.** Adrenalin ist sein Lieblingshormon. Du kannst es mit Hilfe der Käsetheke im Supermarkt ankurbeln. Denn dort oder in der WM-Ecke gibt es jede Menge Mini-Nationalflaggen. Vereinsflaggen musst du leider selbst basteln. Am Abend des großen Spiels liegen seine und die Flagge des Gegners bereit. «Bitte sehr», sagst du nach dem Schlusspfiff, «die hier können wir ja jetzt verbrennen.» Und reichst ihm die Streichhölzer. Er kocht.

☞ **Du hast eine Dart-Scheibe aufgehängt.** Du weißt ja, welche Fußballer dein Mann ohnehin nicht leiden kann («Draxler taugt doch nichts mehr!»). Deren Konterfeis hast du aus der Zeitung ausgeschnitten und auf die Scheibe geklebt. Nun händigst du deinem Helden die Pfeile aus. «Komm, jetzt schießen wir die alle ab, und zwar um die Wette!» Du lässt ihn gewinnen und überreichst ihm als Preis den Luftballon, auf den du das Bild des Trainers geklebt hast. «Und hier ist die Nadel, Liebling.» Allmählich müsste er in Topform sein.

☞ **Das geheimnisvolle Paket.** Wenn dir die Leidenschaft deines Mannes richtig viel wert ist, hast du siebzig Euro hingeblättert und ein Paket mit nach Hause gebracht. Jetzt endlich überreichst du es ihm feierlich. Er packt aus: Es ist ein Gartenzwerg, dessen Gesicht du mit Hilfe eines Fotos und etwas Stoff (für die Haare) zur Karikatur des Trainers gemacht hast. Begleite deinen Mann bei seinem kurzen Gang auf den Balkon. Ein Ruf nach unten: «Platz da!», und die Sache ist erledigt. Jetzt ist er high. (Falls du im Parterre wohnst, reichst du deinem Mann zum Zwerg den Hammer, Schutzbrille nicht vergessen.)

☞ **Wenn du kostenbewusst bist,** verzierst du ein paar alte Teller mit den Bildern der Versager. Mag er Polterabend auf dem Küchenfußboden machen. Und noch nützlicher: Du schiebst ihm ein paar Mohrrüben zum Kleinhacken hin. Das führt überschüssige Aggressionen ab und ergibt einen knackigen Salat. Hauptsache, er kann den Jungs zeigen, was er von ihnen hält. Du weißt ja: Wenn er den Groll herunterschlucken muss, vielleicht gar, weil du so viel Aufregung um das Gekicke albern findest, dann bekommst du einen frustrierten Jammerlappen. Wenn er donnern und toben darf, erntest du Leidenschaft und Frische. Teller, Zwerge, rote Rüben: Das ist es wert.

Die finale Katastrophe:
Er hat Schnupfen

Niemand - am wenigsten du - bezweifelt, dass der männliche Körper **extrem belastbar** ist. Ein Mann kann die abenteuerlichsten Expeditionen überstehen, Arktisreisen, Wüstenmärsche, Weltraumflüge. Doch in jedem Frühling, jedem Herbst, jedem Winter und leider sogar im Sommer droht eine tückische Gefahr: der Schnupfen. Jede Frau unterschätzt diese **dramatische Bedrohung**. Auch du. Vielleicht, weil du deinen Gefährten ohne Schnupfen kennengelernt hast. Als er gesund und mutig war.

Ein Mann klettert im Gebirge über schmale Grate, und während du verzagt nach Halt suchst, ruft er: **«Komm, stell dich nicht so an!»** Er segelt gegen den Wind, dass der Mast knirscht, und während du dich nach Land sehnst, brüllt er: «Nun reiß dich mal zusammen!»

Aber wenn ein Schnupfen heraufzieht, rinnt aller Lebensmut aus seinen Adern. Bereits die Ahnung von erhöhter Temperatur schmettert ihn aufs Krankenlager. Schweißperlen bilden sich auf seiner Stirn. Sein Körper fühlt sich fremd und elend an. **Er siecht dahin,** vom Leben abgeschnitten. Ade, du schöne Welt.

Nichts wäre verkehrter, als wenn du jetzt etwas so Hartherziges sagen würdest wie «Nun stell dich nicht so an». Falls du so etwas äußern würdest, würde er sofort **seine Mutter anrufen.** Heimlich tut er das sowieso. Denn egal, wie viel Mitgefühl du empfindest, er argwöhnt, du hältst seine Krankheit für eingebildet oder übertrieben. Also sucht er Trost bei der einzigen Person, die in dieser Krise vertrauenswürdig erscheint. Hat seine Mutter ihm nicht damals Milch mit Honig gebracht? Durfte er nicht still unter vielen Decken liegen, **Süßigkeiten essen** und Märchen hören? Er fragt sich, warum das jetzt nicht möglich ist.

Er ahnt, weshalb: weil er zu lange den Eindruck eines toughen Mannes erweckt hat. Er ist tough, doch, ja, kein Zweifel. Zum Beispiel, wenn es darum geht, einen Ast abzusägen, eine Flasche zu entkorken oder fachmännisch gegen einen Autoreifen zu treten. Aber eine Erkältung ist etwas anderes. Da wird ihm von einer **außerirdischen Macht** auf einmal alle Kraft entzogen. Er ist es gewohnt, sich auf seinen Körper zu verlassen. Jetzt gehorcht der Körper nicht mehr.

Erschrocken registriert er, dass ihm sein Appetit abhandenkommt. Der **Alkohol** schmeckt nicht. Etwas in ihm geht schief. Aber was? Wenn du jetzt sagst: «Das ist doch nur ein Schnupfen!», beweist du nur deine **tragische Fehleinschätzung.**

Wenn du merkst, wie ernst es wirklich um ihn steht, raffst du dich vielleicht auf und überreichst ihm eine heilbringende **Medizin.** Leider ist es oft nur ein winziges Fläschchen. Wird das reichen bei der **dramatischen Zuspitzung** der Lage? Fünf bis zehn Tropfen soll er nehmen. Als ob er ein Kind wäre!

Ächzend stemmt er sich von der Matratze hoch und trinkt die halbe Flasche leer. Wenn es darauf ankommt, ist er immer noch todesmutig, genau wie damals im Wilden Westen. Doch woher kommt jetzt dieses seltsame **Schwindelgefühl**? Kalter Schweiß nässt seinen Haaransatz. So muss es gehen, wenn man **mit dem Tod ringt**. Kaum ist er einen Augenblick bei klarem Bewusstsein, fragst du ihn, ob es ihm Recht sei, wenn in der nächsten Woche die Party steigt.

Was, wie, Party? Nächste Woche? Wie kannst du jetzt an solche Oberflächlichkeiten denken? Wie kannst du überhaupt Pläne machen? Wie vermagst du dir überhaupt vorzustellen, dass es noch ein *Danach* geben wird? Während er mit dem Tod ringt!

Oder machst du bereits Pläne für **ein Leben ohne ihn**?

Er hebt den Kopf von seinem Krankenlager und lauscht. Was geht da draußen eigentlich vor, in der Wohnung, jenseits der Zimmertür? Verschwommene Laute wehen herein.

Mit wem telefonierst du gerade? Und hat es nicht eben geklingelt? Womöglich werden Blumen geschickt. Vielleicht sind es die ersten **Kondolenzbesucher**?

Du hast Erbarmen. Du bringst ihm den Laptop. Unglaubliche Zumutung!, stöhnt er ins Kissen. Wie soll er die Tasten bedienen?

Aber dann ist es doch keine schlechte Idee. Der Laptop gehorcht ihm. So gewinnt er die Kontrolle zurück über die Welt. Das Web akzeptiert sein Passwort. Das ist ein erstes Zeichen der Genesung.

Er steht auf mit wackligem Schritt. Wenn er sich jetzt am

Fenster zeigen würde, würde unten **die wartende Menge** in dankbaren Jubel ausbrechen: «Er lebt!»

Ja, es geht spürbar aufwärts mit ihm, von Stunde zu Stunde. Am nächsten Morgen ist er erstmals in der Lage, den **Weg in die Küche** zurückzulegen. Und sogar, sich einen Kaffee zuzubereiten. Hattest du etwa Zweifel daran? Er ist gesund! Ist ein Survival-Künstler! Ist stark! War nie etwas anderes!

Aber was ist jetzt mit dir? **Was simulierst du da?** Blass bleibst du im Bett. Was denn? Hohes Fieber? Er soll dich angesteckt haben? Das gibt es doch gar nicht! «Blödsinn», tönt er mit unverwüstlichem Kampfesmut. «Raus aus den Kissen! Stell dich bloß nicht so an!»

Fragen zum Verunsichern von Männern

Männer sind von Natur aus unsicher. Schon weil sie Männer sind. Zu den meisten hat sich herumgesprochen, dass das ein Fehler ist. Falls sie es noch nicht wissen, ist es ebenso leicht wie heilsam, ihr schütteres Selbstwertgefühl zu untergraben. Mit wenigen Fragen gelingt das. Passende hier auswählen, live stellen oder in die SMS packen, wegbeamen, fertig.

- Hast du ein Cabrio?
- Magst du Kinder?
- Sag bloß, das macht dir was aus?
- Wollen wir nicht doch langsam jemanden nach dem Weg fragen?

- Du hängst wohl sehr an deiner Mutter?
- Wer war denn das am Telefon eben?
- Hast du nur Bier im Kühlschrank?
- Warum bist du denn so nervös?
- Kommst du wieder nicht zurecht mit deinem Computer?
- Kann es sein, dass dein Haar irgendwie dünner wird?
- Wieso kriegen Männer eigentlich immer Bäuche?
- Was hast du heute erlebt?
- Hast du mich vermisst?
- Wo warst du eigentlich gestern Abend?
- Woran denkst du gerade?
- Warum fällt Männern das eigentlich so schwer?
- Glaubst du eigentlich, was du da sagst?
- Wie viele hattest du eigentlich vor mir?
- Und warum ist es mit den früheren Freundinnen schiefgegangen?
- Machst du mir ein Kind?
- Konntest du früher eigentlich öfter?
- Was sind eigentlich die Ursachen von Impotenz?
- Macht es dir was aus, dass du nicht gerade den Größten hast?
- Bist du etwa eifersüchtig?
- Hattest du diese Probleme schon immer?
- Warum kommst du so spät?
- Hörst du mir überhaupt zu?

- Und was habe ich gerade gesagt?
- Schläfst du schon?
- Hast du von mir geträumt?
- Kannst du den Müll mitnehmen?
- Was soll ich heute Abend anziehen?
- Stammt das an deinem Kragen da von meinem Lippenstift?

Du bist ein Mann

Einem berühmten Zitat zufolge möchtest du von einer Frau nichts anderes als gutes Essen, guten Sex und in Ruhe gelassen werden. Na, bitte. Ganz einfach! Aber so einfach ist es dann doch nicht. Und warum nicht? Weil sie dafür sorgt, dass es schwierig wird. Sex und Essen gönnt sie dir vielleicht. Aber die Ruhe bestimmt nicht. Sie wird dich zu ärgern versuchen. Einfach, damit du wach bleibst. Täglich. Stündlich. Mit lauter durchtriebenen Kleinigkeiten.

☞ **Sie liest deine Post.** Auf den ersten Blick scannt sie nur die Umschläge und ihre Absender. Später erfasst sie auch den Inhalt, weil du mit dem Entsorgen zu unvorsichtig bist. Ach, übrigens, du hast das Passwort deiner Mailbox vergessen? Frag sie einfach. Sie kennt es. Wenn du telefonierst, geht sie erst aus dem Zimmer, wenn sie sicher weiß, mit wem du telefonierst.

☞ **Sie vernichtet, was du liebst.** Du kriegst es ja nicht immer mit. Deswegen sei es dir hier verraten: Heimlich entsorgt sie deine liebsten Klamotten, deine gemütlich ausgebeulte Hose, deine löchrigen und total erotischen Unterhosen und deinen

Lieblingspullover. Sogar den Schal, den deine liebe Mutter an vielen langen Abenden gestrickt hat.

☞ **Sie süffelt.** Prinzipiell gönnst du ihr das. Aber dann kommst du nach Hause und entdeckst im Weinkeller, dass die letzten drei Flaschen 94er Mouton Rothschild verschwunden sind. Mit pochender Furcht stolperst du ins Wohnzimmer und wirst von einer angeheiterten Frauenrunde begrüßt: «Wir haben uns ein bisschen was zum Süffeln raufgeholt! Du – aber doll ist der ja nicht!»

☞ **Sie rasiert sich die Beine.** Ist okay. Aber sie macht es mit deinem Rasierapparat. Du hast dich schon gewundert, wieso die Klinge total stumpf ist, wieso der Motor stottert, weshalb beim Reinigen lange dunkle Haare zum Vorschein kommen? Tja, ihr Ladyshave funktioniert nicht mehr.

☞ **Sie entwendet deine Lieblingsspielzeuge.** Sie verschleppt Spezialschraubenzieher aus deiner Werkzeugkiste, nimmt deinen MP3-Player, versteckt die Fernsehzeitung, benutzt deinen USB-Stick und verbraucht die Batterien der Fernbedienung.

☞ **Sie verrät deine tiefsten Geheimnisse.** Und zwar in Gesellschaft. Sie nutzt fremde Zuhörer, um auf deine Schwächen aufmerksam zu machen: «Er kriegt jetzt einen Bauchansatz.» Von einem Tischende zum anderen: «Du wolltest doch nicht mehr so viel Sahne nehmen!» Und zu ihren Freundinnen seufzend: «Er liest ja nicht.»

☞ **Sie kocht.** Ist akzeptiert. Aber dann lässt sie die Küchentür perfide weit offen stehen, sodass der Geruch von angebratenen Zwiebeln oder Rosenkohl in dein reines Gelehrtenstübchen kriecht und die unantastbaren Gedankengebäude ins Wanken bringt.

☞ **Erst beschwert sie sich, dass du so selten zu Hause bist.**
Und dann rumort sie herum. Sobald du dich im Sessel entspannen willst, wirft sie den Staubsauger an oder quietscht
mit einem Hightech-Tuch am Fenster herum. Du sollst deine
Zeitung mit schlechtem Gewissen lesen.

☞ **Sie kauft dir keine Schokolade.** Sondern Fruchtschnitten
und Sonnenblumenkerne. In der Keksdose sind keine Kekse,
sondern Körner. Sie will dich zu gesunder Ernährung erziehen. Sie wirft die Balkonpflanzen in einen Mixer und nennt
das Ergebnis Smoothie. Du musst es vor ihren Augen schlu-
cken.

☞ **Sie schafft Chaos.** Sie bringt das für sie undurchschau-
bare, jedoch von dir intuitiv erschaffene Ordnungssystem
auf deinem Schreibtisch durcheinander. Angeblich beim
Putzen und Lüften. Sie stellt die Bücher in falscher Reihen-
folge auf. Sie steckt eine DVD in eine CD-Hülle.

☞ **Du suchst ein Glas?** Die Schränke sind leer. Alles steht in
der Spülmaschine. Vor allem die von deiner lieben Mutter
geerbten Silbermesser, die auf keinen Fall dem Salzfraß aus-
gesetzt werden dürfen.

☞ **Sie benutzt deine Sachen.** Die Haare in deiner Bürste
sind nicht deine Haare. Das Shampoo ist dein Shampoo, es ist
«for men», steht ausdrücklich drauf, trotzdem benutzt sie
es. Dein Handtuch verwandelt sie in ihren Badeteppich.

☞ **Wenn du zu Hause anrufen willst,** ist das Telefon ständig
besetzt. Wählst du ihr Handy an, ist es abgeschaltet. Wenn
du zu Hause bist, telefoniert sie so lang und so laut über anderer Leute Beziehungsprobleme, bis du den letzten Rest geisti-
ger Klarheit verloren hast.

☞ **Du entdeckst kleine gewachste Tamponpapierreste** auf

der Wasseroberfläche an einem Ort der Meditation. Dein Leben wird nie mehr ganz dir gehören.

☞ **Sie lädt Gäste ein,** obwohl du sehr gut allein zurechtkommst. Sie beharrt darauf, dass du gesellig bist. Sogar deine Familie wird von ihr eingeladen, obwohl du auch auf die verzichten kannst. Sie ermutigt Leute zum Übernachten. Du bräuchtest lediglich dein Arbeitszimmer zu räumen und vor der Badezimmertür etwas länger zu warten!

☞ **Sie vertippt sich auf dem Navi** und kann es nicht mehr rückgängig machen. Bei ihrem hektischen Wischen und Tippen stürzt es ab. Als sie zur Abhilfe die Karte zu lesen versucht, verwechselt sie links und rechts, sodass ihr euch nicht der französischen Grenze nähert, sondern der tschechischen.

☞ **Sie möchte, dass du was tust.** Für deine freien Tage hat sie eine To-do-Liste erstellt. Du darfst wählen, was du zuerst tun willst: den Rasen mähen, die Waschmaschine instand setzen, Fensterläden streichen, die Auffahrt harken, den Föhn reparieren oder die Kaffeemaschine entkalken.

☞ **Sie nennt dich nachts Tobias,** obwohl du gar nicht so heißt.

Sie will sich auch mal aufregen?
Du kannst ihr helfen!

☞ Wenn du nach Hause kommst, **öffnest du deine Post,** während du durch die Zimmer patrouillierst, und lässt die aufgerissenen Umschläge dort liegen, wo du sie gerade geöffnet hast.

☞ Falls du etwas aus einer **Schublade** holst, lässt du sie offen. Wenn du etwas aus dem Schrank benötigst, schließt du danach die Tür nicht. So wird die Dynamik deiner Persönlichkeit sichtbar.

☞ Angeblich hast du **eine SMS von ihr** bekommen mit wichtigen Botschaften (Besuch, Geburtstag, Verabredung). Hast du nicht gelesen! Wolltest du nicht. «A man sees what he wants to see and disregards the rest» (Paul Simon).

☞ Wenn ihr verabredet seid, **kommst du zu spät.** Eine Viertelstunde reicht schon. Die Aura deiner Bedeutung strahlt heller.

☞ Auf der **Shoppingtour** begibst du dich schnurstracks zur ersten Sesselecke. Das unterstreicht deine Unabhängigkeit von all den materiellen Dingen, denen sie verfallen ist.

☞ Du lässt sie ans **Steuer des Autos,** aber nur, wenn das Auto nicht dir gehört. Dein eigenes Auto ist eine Kultstätte, und du bist der Priester. Verzichte lieber auf Alk, statt jemanden Naives wie sie fahren zu lassen.

☞ Sie kritisiert, dass du wie eine wandelnde Altkleidersammlung aussiehst? Ziehe **weiße Socken in Sandalen** an. Einfach um zu zeigen, dass du niemals begreifen wirst, was dir steht. Ihre Mühen werden für immer vergeblich sein.

☞ Wenn sie deine **strähnigen, ungeschnittenen Haare** nicht mag, gehst du zum Friseur. Weil du eh nicht weißt, wie du aussehen sollst, lass ihn machen. Es wird hinterher noch schlimmer sein als vorher.

☞ Wenn **dein Haar schütter** wird, verfalle auf den Trick der Schalterbeamten in alten Filmen: Lasse das Resthaar lang wachsen und lege es dreimal gefaltet über die Kahlstellen. Stelle dich ihr so vor.

☞ Lege dir beizeiten einen **Kugelbauch** zu, wie er nur echten Männern vorbehalten ist. Rund muss er sein. Biergenuss perfektioniert die Form. Mediziner nennen das Wunder auch Gas-Kot-Bauch.

☞ Sie vermisst **Leidenschaft?** Zeig ihr beim Autofahren, was Leidenschaft ist. Und tune und putze liebevoll am Auto herum, damit sie auch erkennt, was Zärtlichkeit ist.

☞ Sie räumt gern auf und entledigt sich alter Sachen? Dann **bewahre möglichst viel auf,** besonders das, was sie gerne wegwerfen würde. Dein Motto ist das Motto deiner geliebten Großmutter: «Vielleicht kann man es noch gebrauchen.»

☞ Sie hat die Geschirrspülmaschine befüllt? Wenn du auch einen Beitrag leisten willst, drehe den Knopf auf «An». Knöpfe und Regler sind deinem **Technikverstand** vorbehalten. Lasse die Maschine gern halb leer laufen wie die Waschmachine; dann hat die Gründlichkeit eine Chance.

☞ **Brülle ins Telefon,** vor allem ins Handy. Das ist dein Erbe aus der Zeit, als du noch mit den Kumpels durch die Wälder streiftest. Man muss dich auch ohne Elektronik verstehen. Auf Gesellschaften kannst du dich so auch von einer Ecke des Raumes zur anderen unterhalten.

☞ Zum Feierabend machst du dir **erst mal ein Bier** auf. Gemäß Krankenkassenzeitschrift gehörst du damit schon zu den Alkoholikern. Sie nicht. Oder möchte sie zu Hause Wein mit dir trinken? Dann gehst du **lieber in die Bar** oder Kneipe.

☞ Erkläre ihr, dass deine **Macken liebenswert** sind.

Sie ist zu gut gelaunt?
Hier sind nützliche Komplimente
zum Downgraden

- Für eine Frau hast du das sehr klar ausgedrückt.
- Das schmeckt fast wie bei meiner Mutter.
- Du bist gar nicht so schlecht im Bett.
- Kaffee kannst du kochen, das muss man dir lassen.
- Für eine Karrierefrau bist du erstaunlich weiblich.
- Die kleinen Fältchen machen dich interessanter.
- Manchmal kannst du richtig gut einparken.
- Schöne Frauen sind sowieso meist uninteressant.
- Dein Busen ist doch gar nicht so übel.
- Die paar überschüssigen Pfunde stehen dir ganz gut.
- Mit Brille siehst du besser aus als ohne.
- Für eine Frau verträgst du ganz schön viel Alkohol.
- Dumm fickt gut.

Wieso ist sie so? Und muss das sein?

Liegt das in ihrer Natur? Warum tut sie das? Es kann dir ja eigentlich egal sein. Aber wenn gerade nichts los ist, ist es erfrischend, sich darüber aufzuregen. Besonders wenn du ihre wahren Motive kennst.

Warum kauft sie einen Regenmantel, der nicht feucht werden darf, einen Wintermantel, der nicht wärmt, und Schuhe, die nicht bequem sind?

In deiner Arglosigkeit glaubst du: Für die Mode opfert sie ihr Wohlbefinden. Ihr wahres Motiv: Kein anderer als du soll sie bei Regen trocken halten, bei Kälte wärmen und ihre wunden Füße küssen.

Warum studiert sie auf Verpackungen den Inhalt und die Kalorienangaben, als seien das heilige Schriften?

Du in deiner Unschuld glaubst: Ich muss ihr die Zusammensetzung und das mit dem glykämischen Index mal gründlich erklären. Ihr Motiv: Es steigert den sinnlichen Genuss, wenn sie auch schriftlich bestätigt bekommt, dass sie mal wieder was ganz und gar Großartiges und Kalorienarmes isst.

Warum sieht sie sich zum elften Mal «Mit dir an meiner Seite» oder «Beim Leben meiner Schwester» an und heult immer an der gleichen Stelle?

Du glaubst: Sie hat da irgendein Problem noch nicht ganz überwunden. Ihr Motiv: Es ist einfach total schön, bei diesen traurigen Bildern und diesen tragischen Worten zu heulen und nichts als zu heulen.

Warum gehen sie und ihre Freundinnen in einer Kneipe immer zu zweit oder zu dritt auf Toilette?

Du glaubst: Sie trauen sich nicht, allein an all den *grobianischen* Männern vorbeizugehen. Ihr Motiv: Genau über diese Männer und über dich wollen sie sich in aller Ruhe austauschen.

Warum quatscht sie stundenlang mit ihrer Freundin am Telefon, obwohl sie sich in einer halben Stunde treffen?

Du glaubst: Das kann sie ihr doch gleich alles persönlich sagen. Ihr Motiv: Wenn es etwas Spannendes, Amüsantes oder Skandalöses gibt, kann frau es nicht oft genug erzählen.

Warum, wenn der Kleiderschrank überquillt, jammert sie, sie hätte nichts anzuziehen?

Du glaubst: Es ist doch genug da, und mit ein bisschen Phantasie kann sie sogar neue Kombinationen aus den alten Klamotten kreieren. Ihr Motiv: Es ist dringend Zeit, dass du mal wieder mit ihr shoppen gehst.

Warum besteht sie an manchen Tagen ohne Grund darauf, ihre Haare würden nicht sitzen?

Du glaubst: Sie achtet zu sehr auf sich und sieht zu oft in den Spiegel. Ihr Motiv: Du sollst mal wieder auf sie achten und sie ansehen und ihr sagen, wie betörend schön sie ist!

Warum fühlt sie sich gleich supersizemäßig fett, nur weil sie zwei Pfund zugenommen hat?

Du glaubst: Sie übertreibt. Ihr Motiv: Du sollst ihre Schlankheit loben und gefälligst die Waage korrekt einstellen.

Wie schafft sie es, von einem Becher Magermilch-Joghurt zu leben?

Du glaubst: Sie foltert sich, um eine gute Figur zu haben, sie foltert sich für die Männer, für dich. Ihr Motiv: Die guten Sachen lassen sich besser zwischendurch genießen, wenn keiner zusieht, vor allem nicht du.

Wieso gibt sie dir den Laufpass mit der Erklärung: Du bist einfach viel zu lieb für mich?

Du glaubst: Du hättest dir nicht so viel gefallen lassen dürfen und hättest sie öfter anschreien müssen, dann wäre sie dir jetzt hörig. Ihr Motiv: Erotische Ausstrahlung lässt sich nicht lernen. Sorry, aber da ist einer, der ist richtig *bad* und sexy.

Warum kann sie Gesicht und Körper nicht mit derselben Seife waschen?

Du glaubst: Sie ist auf die Werbung der Kosmetik-Industrie reingefallen. Ihr Motiv: Deine großporige, selbstfettende Männerhaut kannst du mit einem Bimsstein abrubbeln. Prinzessinnen waren schon immer etwas feiner.

Warum gibt sie beim Friseur sechzig Euro aus, nur um sich die Spitzen schneiden zu lassen?

Du glaubst: Das hättest du ebenso gut für die Hälfte machen können. Ihr Motiv: Du weißt ja noch nicht mal, dass Haare Spitzen haben. Nur dass sie bei Männern ausfallen, muss dir nach einem Blick in den Spiegel klar sein.

Warum bestellt sie einen Salat mit magerem Dressing und nascht dann die Pommes von deinem Teller?

Du glaubst: Sie verfällt dem Diät-Wahn und hält dann doch nicht durch. Ihr Motiv: Sie muss dich davor bewahren, allzu viele ungesunde Pommes frites zu essen. Sie opfert sich um deinetwillen.

Wieso will sie küssen und schmusen und denkt dabei nicht an Sex?

Du glaubst: Sie braucht leider dieses ermüdende lange Vorspiel. Ihr Motiv: Sie braucht Zärtlichkeit, Zärtlichkeit, Zärtlichkeit. Als Vorspiel, als Nachspiel, als Hauptsache. Es ist zum Verzweifeln.

Warum will sie alles über deine früheren Freundinnen wissen, möchte sie aber auf keinen Fall kennenlernen?

Du glaubst: Sie ist eifersüchtig und hat Angst. Ihr Motiv: Es ist interessant zu hören, wie du über frühere Frauen redest. Zu erfahren, weshalb die Beziehung endete. Und sie glaubt, es bringt überhaupt nichts, deine Ex zu treffen, weil du dann nur gockelhaft aufdrehst.

Warum will sie immer noch einmal hören, dass du sie liebst?

Du glaubst: Das muss sie doch irgendwie merken, oder das kann sie sich doch denken! Ihr Motiv: Es sind nun mal die schönsten Worte auf der Welt. Wenn sie überzeugend rüberkommen. Da beginnen deine Schwierigkeiten.

Wieso vertraut sie ihrem Horoskop nur, wenn es positiv ist?

Du glaubst: So ganz logisch und konsequent ist das ja nicht. Ihr Motiv: Ihr Horoskop ist immer positiv. Weil für tolle Leute nun mal alles positiv ist. Und wenn da was Bescheuertes steht, war ein Dilettant am Werk.

Warum verliert sie manchmal urplötzlich die Fassung und schreit oder bricht in Tränen aus?

Du glaubst: Typisch Frau, weiß nicht mehr weiter, hat sich nicht im Griff, ist rettungslos ihren Gefühlen ausgeliefert. Ihr Motiv: Du weißt nicht mehr weiter. Du bist der Ausgelieferte. Gerade wenn sie explodiert, hat sie sich im Griff – und dich dazu.

Warum steht sie lange vor dem Spiegel und macht sich zurecht, obwohl sie nur Brötchen vom Bäcker holen will?

Du glaubst: Sie ist eitel. Ihr Motiv: Der Bäckerjunge hat was.

Sie wirkt zu selbstsicher?
Hier sind hilfreiche Fragen

- Weißt du eigentlich, dass du deiner Mutter immer ähnlicher wirst?
- Soll ich dir das mal erklären?
- Was hast du eben gesagt?
- Musst du um diese Zeit mit Beziehungs- problemen anfangen?
- Kommt jetzt wieder ein Vortrag?
- Du kommst dir wohl sehr emanzipiert vor?
- Bist du irgendwann mal fertig?
- Kannst du auch ohne Hysterie darüber reden?
- Hast du gerade deine Tage oder was?
- Musst du so schreien?
- Kann es sein, dass du in letzter Zeit zuge- nommen hast?
- Na, was hast du jetzt wieder falsch gemacht?
- Wo hast du eigentlich kochen gelernt?
- Weißt du etwa immer noch nicht, was Abseits ist?
- Kannst du nicht mal mit dem Navi umgehen?
- Hast du den eben nicht gesehen? Der kam von rechts!
- Kannst du nicht mal wieder Sabine einladen?
- Warum sollen wir denn heiraten, es geht doch auch so?
- Ist es so richtig oder bin ich zu tief?
- Wann war noch mal dein Geburtstag?

Quickcheck beim Kennenlernen: Diese Frau könnte schwierig werden

Du kennst sie noch nicht lange. Genau genommen überhaupt nicht. Aber sie hat dich mitgenommen in ihre Wohnung, in ihr Zimmer. Du siehst dich um. Und zuckst zusammen. Was du da siehst, tut richtig weh. Es nimmt dir den Mut. Bereits ein einziges der folgenden Merkmale ist ein Grund abzuwinken. Kommen zwei davon zusammen, musst du dir eine Erklärung für deinen Rückzug überlegen. Bei dreien solcher Indizien raten Katastrophenexperten zu sofortiger Flucht.

☞ **Plüschtiere.** Überall sitzen Bärchen, Äffchen, Schweinchen, Hunde aus strapazierfähigem Material. Womöglich noch Puppen. Im Bett ein abgewetzter Teddy. Du kannst es rührend finden. Aber du kennst die Wahrheit: Hier ist die Kleinmädchenphase noch nicht überwunden. Und wird noch lange anhalten. Besonders tough: der riesige rosa Elefant vom Jahrmarkt.

☞ **Babyfotos.** Ihre größere Schwester oder ihre total nette Freundin oder ältere bebrillte Cousine hat schon ein Baby. Und die Fotos von diesem allersüßesten Schmatz und anderen bedrohlich knutschigen Kleinen stehen gerahmt im Bücherbord oder kleben an der Pinnwand. Dir wird bang. Träumt sie schon davon, Mutter zu werden?

☞ **Appetitzügler.** In der Küche liegen eigentümliche Schachteln herum, auf denen schlanke Frauen abgebildet sind. Nicht viel besser macht sich eine Tüte mit Leinsamen oder Weizenkleie mit aufgedruckten Erläuterungen zur Quellwirkung im Darmtrakt. Schüttel. Verdacht: Sie frisst wie süchtig Schokochips und wirft zum Ausgleich Wunderpillen ein.

☞ **Temperaturkurve.** Neben dem Bett ein Thermometer. An der Wand ein Blatt, das dich an überwundene Mathestunden erinnert. Arithmetik und Algebra, das Koordinatensystem. Linien, Kästchen, Zahlen. Durch alles windet sich eine Fieberkurve mit geheimnisvollen Abkürzungen: «u» oder «f» und gar «GV». Heißt: Hier wird Sex mit Buchhaltung kombiniert.

☞ **Psycholiteratur.** Es spricht nicht gegen sie, dass sie ein paar Bücher hat. Übel aber, wenn das lauter Ratgeber sind. Aus der psychologischen, gesundheitlichen oder Eso-Ecke. Quantenheilung, Engelhelfer, inneres Kind. Braucht sie das? Auch nicht ermutigend: feministische Basisliteratur. Motto: Die Männer sind an allem schuld. Einer davon bist du.

☞ **Poster.** James Dean im Regen, Justin Bieber in Unterhose. Filmstars und Teeniebands in peinlichen Posen. Betet sie die etwa an? Schwärmt sie noch so richtig teeniemäßig? Dann kann sie ja gleich noch ihre alten Pferdeposter danebenkleben.

☞ **Kondomschachteln.** Ist ja gut, wenn sie sich Gedanken über Verhütung macht. Aber wenn die Schachteln so bunt herumliegen, kann einer ins Grübeln kommen. Führt sie irgendeine Testreihe durch? Schau mal nach: Wahrscheinlich hängt ein benutztes noch im Papierkorb.

☞ **Tipptopp-Sauberkeit.** Alles spitzenmäßig aufgeräumt, gewischt, geputzt und abgeleckt. Einerseits eindrucksvoll. Andererseits einschüchternd. Egal, wo du dich hinsetzt, du hast das Gefühl, du beschmutzt was. Wie macht sie wohl Sex? Mit einem Desinfektionsspray unter der Bettdecke?

☞ **Foto vom Ex.** Manchmal ist es sogar eine komplette Foto-wand. Ist ja okay, dass sie nicht alle Erinnerungen verbrennt. Aber wenn das Foto auf dem Schreibtisch steht oder ein digi-taler Bilderrahmen vom Bett aus besonders gut sichtbar ist, dann beflügelt das nicht. Dann stört das.

☞ **Duftlampe.** So etwas kanntest du nicht? Das ist ein Ge-bilde aus Steingut mit Teelicht drin und Tellerchen drauf. In das Tellerchen träufelt sie Öl, vorzugsweise «Ylang Ylang». Sie hat gelesen, das Aroma wirke romantisch und erotisie-rend. Bei dir löst es den ersten Asthmaanfall aus.

☞ **Schönheitsutensilien.** Schön, wenn sie feine Parfums und ein paar Basics an Kosmetika hat. Aber es gibt Zutaten, die siehst du ungern herumliegen: falsche Wimpern, künstli-che Fingernägel. Wirkt entschieden unfrisch. Fehlen noch das Korsett und das Haarteil. Und das künstliche Hüftge-lenk.

☞ **Eingeweichte Wäsche.** Im Badezimmer steht ein Eimer, darin schwimmt Wäsche. Offenbar schon etwas länger. Vielleicht auch im Waschbecken. Das Wasser sieht trüb und dickflüssig aus. Auch nicht ermutigender: der ausziehbare Wäschehalter über der Badewanne mit Schlüpfern dran.

☞ **Little-Pony-Sammlung.** Rosa, violette, türkisfarbene Plüschpferdchen vor einer Landkarte des Königreiches Equestria. Gehört ins Vorschulalter, wird aber auch von jun-gen Frauen gesammelt, die eine Karriere als Pferdeflüsterin, Hundefloterin, Delfinbegleiterin anstreben. Du bist hier überflüssig.

☞ **Trockengestecke.** Gemeint sind knisternd trockene Ar-rangements aus Strohblumen und Blättern, mit Schleifchen und Goldspray verziert. Oder auch aus verblichenen Rosen, die der Erinnerung an vergangenes Glück dienen. Da ist nicht das innere Kind, sondern die innere Oma am Werk.

☞ **Veganes Kochbuch.** Sie will kein Fleisch essen, eigentlich auch keine Pflanzen, weil denen das Abreißen ja auch wehtut. Am liebsten würde sie nur von Sonnenlicht leben. Bis ihr Körpergeist so weit fortgeschritten ist, sammelt sie Gräser, Blütenpollen und freiwillig herabfallendes Obst. Du bist hier allenfalls richtig, wenn du als Ökogärtner Karriere machen willst.

☞ **Siffbett.** Wenn das Bett ein bisschen unordentlich wirkt, gut, sehr gut. Das ist einladender, als wenn es hotelmäßig glatt gestrichen und festgezurrt ist. Aber wenn es so aussieht, als ob es riecht, wenn es so in Richtung selbstverrottender Bio-Kompost geht, nee, dann nicht.

So kannst du ihre Alarmlampe angehen lassen

Eine Frau hört nicht nur das, was du sagst. Sie hört noch deutlicher, was du nicht sagst. Und sie hört so genau hin, dass sie häufig genug Gründe findet, beunruhigt zu sein. Aber sie ist gern beunruhigt. Sie lebt davon, sich Sorgen zu machen! Mit den folgenden, einfach zu erlernenden Sätzen kannst du sie dabei unterstützen.

- Charakter ist wichtiger als Schönheit.
- So gut habe ich mich lange nicht mehr unterhalten.

- Oh, ich habe mein Geld zu Hause vergessen.
- Nein, ich bin nicht verheiratet.
- Ich dich auch.
- Schmeckt wirklich gut!
- Normalerweise trinke ich nicht so viel.
- Deine Eltern sind sehr sympathisch.
- Mit meiner Frau habe ich seit Jahren nicht geschlafen.
- Ich werde meine Frau verlassen.
- Treue ist das Wichtigste.
- Der Scheck ist bereits unterwegs.
- Zwischen uns gibt es doch keine Probleme.
- Ehrlich, das ist mir noch nie passiert!
- Den Mixer repariere ich dir, keine Sorge.
- Ich muss heute noch etwas länger arbeiten.
- Ich war bei einem ganz langweiligen Meeting.
- Ich brauche Zeit, um mir über meine Gefühle klarzuwerden.
- Eine zu feste Bindung zerstört die Liebe.
- Ich werde immer an dich denken.
- Schade, dass du so weit weg wohnst.
- Du bist einfach zu gut für mich.
- Ich muss erst zu mir selbst finden.
- Es war sehr schön. Ich wünsche dir alles Gute.
- Du hast etwas Besseres verdient als mich.
- Ich möchte nur, dass es dir gutgeht.
- Ich rufe dich an.

Du bist stolz, ein Mann zu sein?
Dann ist sie der Boss

Hast du schon mal einen Macho gesehen? Oder einen Pascha? Einen Chauvi vielleicht? Nein, hast du nicht. Geht nicht. Weil es solche Männer nicht gibt. Doch? Du kennst einen? Lass ihn. Hab Mitleid. Er tut nur so. Er möchte etwas darstellen, was es früher einmal gegeben haben soll: einen Mann, der Entscheidungen trifft. Eine Art Oberhaupt der Familie. Einen Herrn der Schöpfung. Vielleicht wiegt er sich in der Illusion, der Chef zu sein und auch sonst den Ton anzugeben. Die meisten Männer, dich eingeschlossen, haben diese Illusion nicht mehr. Du weißt, wer der Boss ist, und du beugst dich. Und vielleicht ist das schon zu viel verraten, aber es muss gesagt sein: Du tust es gern. **Du bist gerne Untertan.** Nicht in allen Dingen. Die Remote Control für Bildschirm und Streaming-Client behältst du noch gern in der Hand. Das Webradio betrachtest du ebenfalls als deine Domäne. Das Auto, zumindest das eine, das auch. Und die Anrufliste auf deinem Smartphone. **Aber sonst?** Selbstverständlich lässt du deine Frau über deine Kleidung entscheiden. Das ist das Geringste. Da inzwischen alle Genderforscherinnen bewiesen haben, dass Frauen von Geburt an den besseren Sinn für Farben und Formen haben, ist daran nichts Anstößiges. Wohnungseinrichtung, Designermöbel: Klar, das war und ist sowieso ihr Ding. Aber auch die Wohnung selbst wird sie aussuchen, falls sie irgendwann beschließt, dass es Zeit ist zusammenzuziehen. Immobilienmakler wissen: **Wenn ein Paar kommt,** brauchen sie sich um den Mann nicht zu kümmern. Der bemüht sich zwar, schlau zu wirken, und denkt sich kritische Fragen aus. Aber die Frau kauft die Wohnung. Er mag das Geld verdienen. Sie trifft die Entscheidung. Er will eh nur in irgendeiner Ecke seinen Monitor aufstellen. Sie denkt an alles andere.

Und so ist es überall. Du siehst dein Fach. Du siehst deinen Job, deinen Sport. Darin kennst du dich einigermaßen aus. **Alles andere** überschaut sie besser. Für alles andere hat sie das bessere Gespür. Für alles, was mit Leben zu tun hat. Für alles Körperliche. Alles Seelische. Für andere Menschen. Auf der Rückfahrt von der Party sagt sie: «Hast du gemerkt, wie Laura Sebastian behandelt hat?» Nein, wieso? «Ich habe das Gefühl, da stimmt was nicht zwischen den beiden.» – Quatsch, sagst du, das bildest du dir ein. Einen Monat später sind die beiden getrennt.

Solche Erfahrungen überzeugen dich nach und nach vom Instinkt deiner Frau, von ihrer Klugheit, ihrer Kompetenz. Und allmählich räumst du ihr immer mehr Entscheidungs-gewalt ein. Nicht offiziell natürlich. **Offiziell bist du der Boss.** Aber insgeheim und still und leise, bei anderen Paaren auch mal lauter, ist sie es. Du gehorchst. Keineswegs immer aus Einsicht. Häufig auch aus **Bequemlichkeit**: Wenn sie die Entscheidung trifft, übernimmt sie damit die Verant-wortung. Das ist entlastend. Später kannst du ihr Vorwürfe machen, wenn etwas schiefgegangen ist: «Du wolltest es ja unbedingt.»

Und du gehorchst auch aus **schlechtem Gewissen**. Als Mann hast du grundsätzlich ein schlechtes Gewissen. Weil du nicht zuhörst. Weil du nicht so häufig «Ich liebe dich» sagst, wie sie das tut. Und seit einigen Jahren hast du ein schlechtes Ge-wissen ganz einfach, weil du ein Mann bist. Egal, ob wahr oder eingetrichtert: Es pocht, dein Gewissen. Und es macht empfänglich für die Weisungen einer Frau. Sie ist der bessere Mensch. Soll sie also sagen, was getan werden soll.

Schließlich aber gehorchst du aus Gewohnheit. Deine Mutter lässt grüßen. **Vom ersten Atemzug an** bist du daran gewöhnt worden, dass eine Frau über dich herrschte. Dass eine Frau für dich plante. Dass eine Frau vernünftig war, während du Unsinn machtest. Dass eine Frau dir sagte, wann du ins Bett gehen solltest. Dass eine Frau dich hereinrief, wenn du lange genug gespielt hattest. Das waren deine frühkindlichen, deine ersten Eindrücke. Die ersten Eindrücke prägen fürs Leben. Und also wartest du dein Leben lang auf die Signale, die Richtlinien, die Befehle der Frauen.

Sollst du damit hadern? Kannst du gern. Zu ändern ist doch nichts daran. Eine Zeitlang denkst du vielleicht, du würdest dein Leben selbst bestimmen. Mit den Jahren kommst du dahinter – einige Männer allerdings nie –, dass alles von Frauen bestimmt wurde und wird. Gut. So sei es. Es gibt keine schönere Dankbarkeit, meinte der ruhmreiche Philosoph Sokrates, als die Dankbarkeit des Dieners gegenüber seiner Herrschaft. Ich danke an dieser Stelle meiner Frau, die diesen Abschnitt vor dem Druck gelesen und einige falsche Sätze herausgestrichen hat.

Sie beschwert sich?
Dabei hat sie nur Vorteile!

Gelegentlich redet deine Gefährtin von *den* Männern oder *euch* Männern. Absichtsvoll übersieht sie die Einmaligkeit deiner Individualität und erlaubt sich eine Verallgemeinerung. Okay, das kannst du auch. Stimmt es, dass sie **Che Guevara** bewundert, den alten Macho? Der hat gesagt: «Männer sind für die großen Fragen gerüstet, für die epochalen Entwürfe, für die Auseinandersetzungen mit der Welt. In den kleinen Gefechten mit den Frauen ruinieren sie sich.» Das hat er zu vermeiden gewusst. Auch du versuchst es zu verhindern. Du machst wegen einer falsch ausgequetschten **Zahnpastatube** keine große Szene mehr. Du bist mehr der Typ, der sein Leid in sich hineinfrisst und dann früh dahinsiecht und eine frohe Erbin hinterlässt. Denn dass sie dich überlebt, ist wahrscheinlich. Und das ist schon wieder sagenhaft ärgerlich! Warum haben Frauen so viele Vorteile? Wenn sie gelegentlich «ihr Männer» sagt, hast du auch eine Antwort parat.

- Ja, aber ihr bekommt nie eine Glatze!
- Ja, aber für euch sind in den Parkhäusern die besten Plätze reserviert!
- Ja, aber ihr habt die Quote!
- Ja, aber ihr könnt eine durchfeierte Nacht hinter Make-up verstecken!
- Ja, aber ihr dürft nach Herzenslust weinen!
- Ja, aber ihr lebt durchschnittlich fünf Jahre länger!

- Ja, aber ihr könnt Zärtlichkeiten einfach mehr genießen!
- Ja, aber die ganze Kosmetikbranche strengt sich biomäßig für euch an!
- Ja, aber ihr braucht euch beim Flirten nicht so ins Zeug zu legen!
- Ja, aber ihr seid belastbarer.
- Ja, aber ihr braucht keine Kondome anzuziehen!
- Ja, aber ihr erinnert euch immer an Geburtstage und Jahrestage!
- Ja, aber euch fällt es leichter, eure Gefühle auszudrücken!
- Ja, aber ihr schneidet euch selten beim Rasieren!
- Ja, aber ihr überlasst das Geldverdienen letzten Endes doch dem Mann!
- Ja, aber ihr braucht nicht so zu tun, als könntet ihr einen Recorder programmieren!
- Ja, aber euch gehört der größte Teil des Kleiderschranks!
- Ja, aber ihr findet euch im Leben irgendwie besser zurecht!
- Ja, aber ihr könnt bei Computerproblemen einen Mann zur Hilfe holen!
- Ja, aber ihr traut euren Gefühlen!
- Ja, aber die besten Mode-Designer arbeiten nur für euch!
- Ja, aber ihr müsst euch nicht überwinden zu sagen: Ich liebe dich!

- Ja, aber ihr braucht euch nicht zu schämen, wenn ihr an eurer Mutter hängt!
- Ja, aber ihr entscheidet über den Zeitpunkt einer Trennung!
- Ja, aber die Kinder sind meistens auf eurer Seite!
- Und in Beziehungsdiskussionen habt ihr am Ende ja doch immer recht!

Letzte Herrschaftsbereiche, an denen sie knabbert

Je weniger Herrschaftsbereiche dir bleiben, desto hartnäckiger musst du sie verteidigen. Und desto ärgerlicher ist, wenn sie darin herumpuzzelt. Es ist absolut nicht okay, wenn sie dir hier etwas streitig macht. Aber es ist genauso ärgerlich, wenn sie dir das alles kampflos überlässt:

- Korkenzieher
- Fernbedienung
- Arbeitszimmer
- Heimnetzwerk
- Fliegenklatsche
- Motorhaube
- Bastelkeller
- Kaminfeuer
- Konto
- Verkabelung

- Garage
- Werkzeugkasten
- Hausbar
- Baumarkt
- Innen-außen-Thermometer
- Heizungsanlage
- WLAN-Router
- Rasenmäher
- World of Tanks
- Tranchiermesser
- Festplattenrecorder
- Weinregal
- Fankurve
- Heckenschere
- Schreibtisch
- Münzsammlung
- Gaspedal
- Whiskyglas
- Hund
- Webradio
- Motorradsattel
- Hochsitz
- Waffenschrank

☞ **die Entdeckung,** dass du beim Aufwachen falsch herum im Bett liegst, mit dem Gesicht auf dem geruchsintensiven Fußende;

☞ **der Stich** auf dem Fingerknöchel, aus dem eine Mücke nachts Blut gesaugt hat und der jetzt zu jucken beginnt;

☞ **die Lieblingstasse,** die kaputtgeht, weil du morgens noch grobmotorisch veranlagt bist;

☞ **die Spätparker,** die deinen Wagen so eng zugestellt haben, dass du eine halbe Stunde zum Ausparken brauchst, unter den Augen aus dem Fenster spähender Nachbarn;

☞ **die Kreuzungsblockierer,** die einfach weitergefahren sind, obwohl der Stau vor ihnen absehbar war, und die nun verhindern, dass du bei Grün losfahren kannst, während die Ampel gelassen wieder gelb und dann rot wird;

☞ **dein Handy,** das den Geist aufgibt, weil du versäumt hast, den Akku zu laden, und das Netzgerät liegt ruhig und sicher zu Hause;

☞ **das einlagige Klopapier** auf dem Büro-WC;

☞ **die nervige Kollegin,** die vom Chef gelobt wird und die dabei erzählt, ihre Tochter sei als hochbegabt eingestuft worden, wie sie selbst damals auch schon;

☞ **die Blase am Fuß,** die deinen ehemals eleganten Gang zum Balanceakt der Schmerzvermeidung macht und deinen Schuhkauf nachträglich zum Reinfall stempelt;

☞ **die Kassiererin** im Supermarkt, die deinen gesamtem Einkauf schon über den Scanner gezogen hat, bevor du die Öffnung in deiner Plastiktüte gefunden hast;

☞ **die Kleidungsgröße,** die du nun mal hast und die offensichtlich in keinem Laden der Stadt zu haben ist;

☞ **der Hundebesitzer,** der die Kacke seines Lieblings mit der Tüte aufsammelt und die gefüllte Tüte dann auf die Liegewiese wirft;

☞ **die Kabel des Kopfhörers,** die sich auf eine Weise verheddert und verknotet haben, wie es kein Mensch zustande bringen würde;

☞ **die Nachbarin,** die du freundlich grüßt, die aber nicht mal zurücknickt;

☞ **die Mülltüte des Asis unter dir,** die immer noch vor seiner Tür steht neben den sechs Paaren ausgelatschter Müffelschuhe;

☞ **die Waschmaschine,** deren Schlauchbruch du erst bemerkst, als du im Dunkeln in den See tappst, der deinen Küchenfußboden bedeckt;

☞ **der Anrufbeantworter,** auf dem sich wieder nur deine Mutter erkundigt, warum du dich so lange nicht gemeldet hast;

☞ **der Hefeteig,** der diesmal nicht aufgeht, obwohl du ihn genauso gemacht hast wie immer;

☞ **das Kitzeln in der Nase,** als du die Hände voller Seifenschaum hast;

☞ **das Ladekabel für dein Handy,** für das es kein Ortungsgerät gibt;

☞ **das Knirschen,** als du dich hinsetzt, das dir eindeutig anzeigt, auf welchen Platz du die Brille gelegt hattest;

☞ **die Werbefenster,** die aufpoppen, bevor du im Web was lesen oder sehen kannst;

☞ **das Telefon,** das nur klingelt, wenn du gerade duschst, isst oder gemütlich in einem anderen Zimmer sitzt;

☞ **die Leute gegenüber,** die dich mit dem Fernglas zu beobachten scheinen;

☞ **die Fernbedienung,** deren Batterien leer sind, was dir egal sein könnte, weil du ja nicht fernsehen wolltest, du wolltest nur mal sichergehen, dass du wirklich nichts verpasst;

☞ **die Nachrichten-Sondersendung,** die niemanden interessiert, aber den Anfang des Films weit in die Nacht verlegt;

☞ **der Nachbar,** der auf dem Balkon raucht, als du im Schlafzimmer die Fenster öffnest;

☞ **der Vollmond,** der verhindern wird, dass du schlafen kannst;

☞ **die Bodendiele,** die ausgerechnet knarrt, als du dich bemühst, besonders leise zu sein.

DAS LEIDEN AN DER KULTUR

Kultur bedeutet Leiden. Nicht nur irgendeine Unternehmenskultur, Redekultur, politische Kultur, Kochkultur oder Verantwortungskultur. Sondern Kultur im herkömmlichen Sinne. Darbietungen von Musik, Malerei, Dichtung samt ihren endlosen Varianten. Seit jemand in der Steinzeit **Hirsche und Strichmännchen** an eine Höhlenwand pinselte und von anderen Beifall dafür erwartete und womöglich Eintritt verlangte, ist Kultur eine Quelle von Mühsal, Zorn und Depression.

Auch für dich. Du bist unkonventionell und widerborstig. Und trotzdem machst du mit. Eine unerklärliche Magie zieht dich dorthin, wo du genervt wirst.

☞ Der Ärger beginnt im Herbst. Im Sommer hattest du den ganzen Kram mit Konzertsälen, Galerien und Lesebühnen glücklich vergessen. Jetzt ist der Sommer vorüber, die **Stimmung eingetrübt**. Mit dem schlechten Wetter kehrt die

Kultur zurück. Jetzt wirst du dich abends wieder unbequem anziehen. Nachmittags musst du aufpassen, dass du nicht zu viel Tee trinkst, sonst kommt dir die Abendvorstellung noch länger vor, als sie ohnehin ist.

☞ Du wirst dich zu spät in den Wagen werfen und dann in immer weiteren Abständen das Theater umkreisen, bis du einen Parkplatz findest, der keiner ist. Du hastest über das Pflaster, es nieselt, du siehst den Eingang, du hörst das Klingeln. Schon bist du **ausgepumpt und durchgeschwitzt**. Für den Stress zieht dein Herz drei weitere Wochen von deiner Lebenserwartung ab. Aber das gehört sich so, es ist für die Kultur.

☞ Die Garderobe abzuwerfen, hast du keine Zeit mehr. Du musst sie über den Arm nehmen und der Türsteherin zur Versöhnung ein Programmheft abkaufen. Im Halbdunkel zwängst du dich, **Entschuldigungen murmelnd**, durch Reihen, die über den Sommer offenbar enger gemacht worden sind.

☞ Du musst registrieren, dass deine **Armlehne** bereits in Gänze von deinem Nebenmann in Anspruch genommen ist. Er wird sie nicht wieder hergeben.

☞ Und nun sitzt du. Und zwar hinter extrem **hochtoupierten Vorderleuten**. Du musst seitwärts vorbeispähen, siehst immer den Vorhang und kannst klammheimlich auf die Uhr deines zur Stummheit verdammten Smartphones schielen.

☞ Worum geht es in diesem Stück eigentlich? Wer hat dir dieses **hohldrehende Gefuchtel** empfohlen? Und musst du diese Musik anhören? Ja. Doch. Das gehört dazu. Alles. Nur ist dir dergleichen in den glücklichen Wochen des Sommers fremd geworden. Der Vortrag ist immer zu lang, die Lesung akustisch stets **problematisch**, die Führung durch die Ausstellung von Anfang an viel zu ausführlich. Du hattest es nur vergessen.

☞ Aber das ist die Kultur. Versuche, dir ihre guten Seiten in Erinnerung zu rufen! Bist du nicht bei plötzlichen Regengüssen zuweilen erleichtert gewesen beim Anblick eines Museums? Zumindest der Aufenthalt in der Vorhalle ist **kostenlos**. Du kannst so tun, als interessiertest du dich für die Plakate der vergangenen Ausstellungen.

☞ Dein Geist hat sich an die Unbeschwertheit des Sommers gewöhnt. Nach den heiteren Monaten braucht er einen Anlauf, um sich wieder an tieferen Sinn und höheren Anspruch zu gewöhnen. Im Theater fällt dir anfangs noch die geistige Orientierung schwer. Wo waren gleich die **Toiletten**? Für Damen im Parterre links, für Herren rechts im ersten Stock oder umgekehrt? Darfst du dich als behindert ausgeben, oder glaubt man es dir mittlerweile sowieso? Und wie war noch der Trick mit dem **Notausgang**, den dir im letzten Jahr ein leidgeprüfter Abonnent verraten hat?

☞ Entsetzlich – die Abonnenten! Da sind sie wieder! Beim Auftakt der Konzertreihe begrüßen sie einander mit noblem Kopfnicken. Du musterst die Schar mit gemischten Gefühlen. Jünger geworden ist außer dir eigentlich keiner. Und, nanu, was für ein **Schnösel** erdreistet sich da, sich mitten in Reihe zwei niederzulassen, auf dem Stammsitz von Tante Lottchen, der stadtbekannten greisen Klavierlehrerin? Sie wird doch nicht etwa in der Zwischenzeit? Tuscheln im Umkreis. Der Blumenstrauß auf der Bühne wirkt auf einmal wie ein Gruß vom **Bestattungsinstitut**. Während des Adagios ergreift dich edle Melancholie. Ja. Das ist es! Nun bist du doch angekommen. Die Schwermut der Kultur hat dich wieder. Willkommen in der Depression.

So hustest du richtig

Du hustest gern, und das ist gut so. Husten gehört zur Kultur. Ja, es setzt ihr erst die Glanzlichter auf. Manch langwierige Lesung oder tiefgründiges Schauspiel werden allein durch pointiertes Husten belebt. Schleppende Sinfonien und langwierige Arien bekommen erst durch Räuspern und Bellen bewegende Akzente. Aber bitte:

☞ **Husten muss gekonnt sein.** Das war kraftlos, was du neulich aufgeführt hast. Du bist den anderen gleich zu Beginn aufgefallen, im Parkett. Da hast du dich hektisch geräuspert, um irritierende Reizpartikel aus der Kehle zu fördern. Die Dame vor dir zuckte getroffen. Okay, das war nicht schlecht. Aber dann hast du Hustenbonbons ausgewickelt! Zwar aus knisterverstärktem Papier, doch das Lutschen war feige! Und dann ballte sich ja trotzdem etwas zusammen! Kulturgourmets konnten es an der **anschwellenden Röte** in deinem Gesicht ablesen. Dann bildeten sich feine glitzernde Perlen auf deiner Stirn.

☞ Lobenswert: Was vorn auf der Bühne **geredet, geträllert oder gegeigt** wurde, hast du längst nicht mehr mitbekommen. Es ging dir nur noch ums Durchhalten. Das war dramatisch und zweifellos spannender als die Darbietung vorn. Aber leider hattest du Glück. Der erste Akt ging zu Ende, oder das Allegro war durchlitten, oder der Dichter trank Wasser. Jedenfalls entstand eine Pause. Und da prustetest du los. **Der gestaute Hustenreiz von Jahrtausenden** entlud sich in einer erschütternden Eruption. Mehrere Sitzreihen erbebten. Doch, ja, das war schön gemacht! Viele andere stimmten ein. Und doch wirkte es kunstlos. Da fehlte das Timing, da fehlte der kreative Impuls.

☞ Bitte beachte die **Husten-Hinweise der Kultusministerkonferenz**: Warte nicht bis zum Applaus oder bis zum Fortissimo der Blechbläser. Da hört dich ja keiner! Nutze die leisen Passagen und die bedeutsamen Intervalle. Wenn auf der Bühne dramatisch geschwiegen wird, dann ist es Zeit für dein **Kratzen, Räuspern, Röcheln**. Wenn der Redner zu seiner aufrüttelndsten These ansetzt, dann ist dein berstendes Bellen gefragt. Wenn die Sopranistin den Gipfel der Koloratur ansteuert und ihre Stimme nur noch ein feiner Faden ist, dann kann dein Husten ihn befreiend zerreißen.

☞ Schließe dich der **Husten-Community** an! Und wenn du und Gleichgesinnte sich abstimmen, könnt ihr manch abgedroschener Nachtmusik oder Unvollendeten zu entscheidenden neuen Wendungen verhelfen. Trainiert schon mal beim nächsten Adagio, du vielleicht aus der Loge, eine Freundin von dir aus dem Parkett. Orientiert euch einfach am subtilen Rhythmus der anderen. Viele machen schon mit. Ihr jetzt auch? Danke! Nur Banausen könnten darüber die Stirn runzeln. Sollen sie. Ihr habt desto vollendeteren Genuss!

So applaudierst du schmerzfrei

Dir ist es auch schon aufgefallen. Immer mehr Künstler verfallen einer leidigen Angewohnheit. Sie geben Zugaben. Vorrangig Musiker erliegen dem **entsetzlichen Irrtum**, das Publikum wolle nach überstandener Qual unbedingt noch etwas von ihnen hören. Sie schließen das aus dem Beifall. Das ist verhängnisvoll.

☞ Beifall hat nie etwas mit dem Debakel auf der Bühne zu tun. Er hat menschliche Gründe. Beifall soll den **Kreislauf** in Gang setzen, der nach abgründigen Dialogen und schlierigen Arien vollständig zum Erliegen gekommen ist. Die ganze Zeit über haben sich die da oben gegen Bezahlung auf den Brettern austoben dürfen. Jetzt möchte sich endlich das Publikum mal rühren. Es muss ungestraft gewähren dürfen!

☞ Es stimmt, dass nach dem hoffentlich letzten Stück besonders heftig geklatscht wird. Aber nicht wegen der sogenannten Künstler. Das Klatschen kommt von den Frauen, die ihre männlichen Begleiter zurückholen wollen ins Leben. Männer erwachen bei Applaus zu der himmlischen Erkenntnis: **Es ist vollbracht.** Und weil die Frauen sich zu sehr ins Zeug legen, fühlen die Musiker sich zur Zugabe aufgerufen. Sie haben sie bereits arglistig eingeübt. Oft sogar eine zweite. Das sollen sie in Zukunft lassen!

☞ Es gibt noch einen anderen Grund für Applaus, von dem die Bühnenbetreter keine Ahnung haben. Das ist der Genuss des **Anklatschens**. Er hat absolut nichts mit irgendeiner Darbietung zu tun. Er ist eine eigene – höhere – Kunstform. In Fernsehshows sind Profis speziell dafür angestellt. Überall dort, wo vor Kameras applaudiert und getrampelt werden muss, gilt: Der Profi klatscht an, die anderen folgen enthusiastisch. Seit geraumer Zeit ist das auch im Theater und Konzertsaal so. Allerdings wird dort um die Führungsposition hart gerungen! Immer mehr Zuschauer, vom Geschehen auf der Bühne gelangweilt, setzen ihren Ehrgeiz darein, **möglichst früh** nach einer Vorstellung oder einem sogenannten letzten Akt zu applaudieren und damit den Beifall der übrigen loszutreten. Wenn der Abend auch zu sonst nichts gut war, der Sieg im Anklatschen beweist Timing und Führungsqualitäten. Es ist ein herrliches Gefühl – und nichts Höheres kann Kunst gewähren! –, wenn sich die gesamte Herde dem ersten Applaudeur anschließt.

☞ Verfrühter Applaus ist ein Segen. Es gibt Experten, die wissen, wann ein Theaterstück zu Ende ist. Sie klatschen sofort nach dem letzten Wort erleichtert los. Bei Konzerten hoffen viele, dass es **schon nach dem ersten oder zweiten Satz** geschafft ist. Das mögen Dilettanten sein. Aber der aufbrandende Applaus unter ihrer Führung macht eine Fortsetzung oft unmöglich. Und das ist vorbildlich! Auch du kannst manch weitschweifiges Oratorium oder tragisches Theaterfinale auf diese Weise abkürzen! Vielleicht gelingt es dir sogar, im Konzertsaal die stupide drei- oder vierteilige Sonatenform zu kappen, indem du bereits nach dem ersten Satz den Schlussapplaus einleitest. Von greisen Krawattenträgern wirst du unwilliges Zischen ernten, denn sie fühlen sich zu früh geweckt. Doch alle anderen sind erleichtert!

☞ Beifall bedeutet niemals Lob für eine Darbietung. Hallo? Nie, nie, nie! Und der Schlussapplaus dient keinesfalls der Bitte um eine Zugabe. Seine Heftigkeit ist Ausdruck derselben glücklichen Erleichterung, mit der **Gefängnisinsassen** eine Amnestie bejubeln: Wir sind in die Freiheit entlassen! Der Abend kann noch schön werden! Und übrigens – *stehende* Ovationen gibt es grundsätzlich nicht. Die Zuschauer stehen zwar auf, aber nicht, weil sie begeistert sind, sondern weil sie den Bus kriegen wollen. Im Namen aller Unterdrückten und Geschundenen dieser Erde steigt das **Gebet** gen Himmel: Brummt uns nicht noch eine Zugabe auf. Lasst uns gehen.

So nutzt du eine Vernissage

Die Eröffnung einer Ausstellung heißt bei Leuten, die so etwas bewusst abgrasen, Vernissage. Du bist informiert? Dann weißt du also, was dich erwartet. Von einem verblichenen Kunstmäzen ist ein ärgerlicher Auswurf überliefert: «Bei Vernissagen halten sich die Leute am **Sektglas** fest, scheuern mit dem **Arsch** an den Bildern und bequatschen, was sie gestern erlebt haben.»

☞ Wenn es denn so einfach wäre! Vielleicht bist du nicht groß genug, aber du scheuerst garantiert nur mit den Schultern oder dem **Hinterkopf** über die Bilder. Und du hältst dich bestimmt nicht am Sektglas fest, sondern nimmst engagiert Anteil. Etwa indem du nach den **Häppchen** greifst, die auf appetitlichen Platten vorbeigetragen werden. Und das ist anstrengend!

☞ Natürlich ist dir hundertprozentig klar, was der bröselige Alte meinte. Vernissagen, wollte er sagen, sind nicht allein zum Essen und zum Trinken da. Nein, sie dienen auch zum **Aufwärmen** in kalter Jahreszeit. Sie sind ein idealer Ort, an dem du dich mit Freunden verabredest, um von dort die eigentlichen Unternehmungen des Abends anzusteuern.

☞ Was der Mann allerdings am schärfsten kritisiert hat, trifft leider zu: Allzu häufig hängen **Bilder an den Wänden**. Und das oft so dicht, dass du dich nicht locker anlehnen kannst. Nimm diesen Umstand mit weltläufiger Toleranz in Kauf, sofern der Rest des Gebotenen kostenlos und von angenehmer Qualität ist. Im Web findest du Hinweise, in welchen Galerien die Häppchen fein abgeschmeckt sind und wo der Wein in Gläsern kommt. In einigen gibt es ja leider **Plastikbecher** und trockenes Brot. Das hat mit Kunst nichts mehr zu tun.

☞ Du hast schon mehrere Vernissagen erlebt? Dann kommst du verlässlich erst eine Stunde nach Beginn. Dann sind die **Eröffnungsreden** vorüber. Du darfst dich ungestört unterhalten, schmausen und anderen zuprosten.

☞ Wichtig: Für den Fall, dass jemand – womöglich der Künstler oder Galerist – nach deiner Meinung forscht, lobe die Werke! Besonders diejenigen, an denen bereits **ein roter Verkaufspunkt** klebt. Dazu äußerst du Höflichkeiten wie: Das ist spannungsreich und virtuos und zugleich ambivalent und auf jeden Fall innovativ, dieses verblüffende Kolorit, diese ungewöhnliche Ästhetik, das ist horizonterweiternd, das ist verstörend, das hält der Gesellschaft den Spiegel vor!

☞ Dass du den Kram mit ein bisschen zeitlichem Aufwand auch selbst hinkriegen würdest, verschweigst du bitte! Du willst ja keinen überflüssigen **Smalltalk** provozieren. Du willst dich rasch den wesentlichen Themen zuwenden: wohin mit der benutzten Serviette, wohin mit den Spießchen der Häppchen? **Wer ist das da drüben eigentlich?** Und wohin geht es als Nächstes? Denn du bist kommunikativ und zukunftsorientiert. Du lässt dich von dem bisschen Kunst nicht stören!

So überlebst du eine Lesung

Gehst du gern zu etwas, das *Lesung* heißt? In Ordnung. Schweigen ist als Antwort akzeptiert. Trotzdem tust du manchmal jemandem einen Gefallen. Dann trittst du beklommen in eine Buchhandlung mit **Klappstühlen** oder in einen schwach gefüllten Saal und fragst dich bang, wie lange die Sache wohl dauern wird. Die anderen Besucher wirken auch so, als fühlten sie sich nicht ganz wohl. Sie sehen ernst und **bekümmert** aus. Scheu taxieren sie einander. Entweder es sind Intellektuelle, oder sie machen sich Sorgen, dass sie keine sind. Oder es sind Angestellte des Veranstalters, die zum Bleiben verdonnert wurden.

☞ Setze dich **auf keinen Fall in die erste Reihe**. Sei aber trotzdem beleidigt, wenn jemand sich vor dich pflanzt.

☞ Widme dich dem Programmzettel. Du musst ihm entnehmen, dass der Autor **mehrere Bücher geschrieben** hat und anderswo bereits gelobt worden ist.

☞ Lächele der Buchhändlerin zu, die es gut meint, oder dem **Kulturvertreter**, der sich auch nicht auskennt. Sie stolpern durch eine kurze Einführung. Du signalisierst Mitempfinden.

☞ Achtung, da schlurft jemand zum Pult. Jetzt darfst du noch tuscheln. Darfst vergleichen. Das soll er – ? Doch, ja, tatsächlich, das muss er sein! Nur seit das Foto für das Plakat gemacht worden ist, scheint er **ungewöhnlich harte Zeiten** durchgemacht zu haben.

☞ Entsetzlich: Er holt ein Buch aus seiner Jutetasche. Es ist erschreckend dick. Hoffentlich hat er nicht noch ein weiteres dabei! Das Beste an ihm ist das **Mineralwasser** auf seinem Tisch. Du hast leider nichts zu trinken. Ein Kaffeeautomat surrt am anderen Ende des Raums. Zu spät.

☞ Das Schicksal ist mächtig. Nimm es ergeben hin. Der Autor stottert eine Entschuldigung für seine Werke. Schon nimmt das **Nuscheln** seinen Lauf. Versuche anfangs, wohlmeinend zu folgen.

☞ Dann schweife ab. Das tust du nicht aus bösem Willen. Nein, er inspiriert dich dazu! Denn da taucht ein Name in seinem Text auf, der erinnert dich an etwas. Ja, hieß nicht damals **deine Nachbarin** so ähnlich? In der anderen Stadt? Oder ein Lehrer? Entsinne dich heller Kindheitstage, die erste Liebe leuchtet auf.

☞ Sieh dich zwischendurch gern verstohlen um. Auch andere Besucher hören längst nicht mehr zu. Du erkennst es am **entrückten Lächeln** auf ihren Gesichtern. Nur selten, wenn der Autor hustet oder dramatisch tut, wirst du, werden alle aufgestört.

☞ Sei gewappnet: Es gibt Autoren, die beim Vorlesen den **Augenkontakt** suchen. Speziell für sie reaktiviere etwas, das du in endlosen Schulstunden erfolgreich erprobt hast: deinen undurchschaubaren interessierten Blick, hinter dem sich nichts verbirgt als selige Leere.

☞ Lass deinen Blick auch zu Höherem geleiten! Etwa zur Decke des Raumes. Da gibt es oft interessante Rauchmelder und eine Sprinkleranlage. Und schau, all die **Löcher in den Dämmplatten!** Wie viele mögen es sein? Vielleicht magst du zählen?

☞ In einer Buchhandlung bietet sich überdies die Möglichkeit, die Buchrücken in den Regalen zu studieren. Andere Besucher tun das längst. Du erkennst es an ihren **verrenkten Hälsen.**

☞ Vorne, in völliger Fehleinschätzung der Lage, mosert der Autor unverdrossen fort. Darfst du dein **Smartphone** herausziehen und Mails checken? Nein. Das würde auffallen. Bei Lesungen wird niemals das Licht gedimmt, aus durchschaubaren Gründen.

☞ Die Helligkeit hat einen unglücklichen Nebeneffekt. Du bist **schutzlos** den Blicken derjenigen ausgeliefert, die draußen am Schaufenster vorbeischlendern – schadenfroh. Für sie sitzt du auf einer beleuchteten Bühne. Einige bleiben feixend an der Scheibe stehen.

☞ Um es den Banausen draußen zu zeigen, raffe deine letzte Konzentration zusammen und höre zu. **Nur ganz kurz.** Aber gerade noch rechtzeitig. Denn der Autor kommt zum Schluss. Erleichterter Beifall.

☞ Klatsche freigiebig mit, denn die Gefahr einer Zugabe besteht bei Lesungen nicht. Auch die Aufforderung, Fragen zu stellen, ist auf allgemeinen Wunsch abgeschafft worden. In der Vergangenheit führten Fragen häufig dazu, dass der Autor **antwortete.** Und das möchte nun wirklich niemand.

☞ Entscheide selbst, ob du dich noch zum **Signieren** anstellen willst. Extra ein Buch von dem Autor zu kaufen wäre übertrieben. Obwohl man signierte Bücher ganz gut bei eBay loswird. Aber vielleicht signiert er dir das Lesezeichen, das du als Geschenk der Buchhandlung ergattert hast?

☞ Du darfst aufbrechen. Du kannst dich als kulturell geliftet betrachten. Für ein Jahr sollte das reichen. Vermeide Lesungen **an ungewöhnlichen Orten**, etwa auf einem Ausflugsschiff. Dort erkennst du erst in dem fatalen Augenblick, wenn die Autorin zu rezitieren beginnt, dass das rettende Ufer nicht mehr zu erreichen ist.

☞ Hast du Appetit bekommen? Hast du jetzt Lust, andere zu foltern? Dann veranstalte selbst eine Lesung! Bestimmt hast du schon ein paar Zeilen geschrieben oder gar etliche Seiten, womöglich einiges in Versform. Du kannst sicher sein, dass die Welt genau darauf gewartet hat! **Danach dürstet sie!** Und wenn du daraus etwas vorträgst, dann siehst du ausschließlich in leuchtende Gesichter. Dann begegnest du Blicken, die immer nur eines von dir zu verlangen scheinen: mehr, mehr! Gib ihnen mehr! Warum sollen diese Leute es gut haben im Leben?

So sitzt du spitzenmäßig

Hattest du jemals einen guten Platz? Im Theater, in der Oper, im Kino oder im Konzert? Wo dir Luft blieb zum Atmen, wo du Raum hattest für die Beine, zwei komplette Lehnen für die Arme? Obendrein konntest du womöglich hören, was auf der Bühne vor sich ging? Ja, du vermochtest es sogar, ungehindert zu sehen? Und am Ende konntest du die Sitzreihe ohne Quetschungen verlassen?

Nein. Das hast du nie erlebt. Denn das gibt es nicht.

☞ Trotzdem bist du guten Mutes. Denn du saugst Lebensglück aus dem Neid anderer. Du behauptest zum Beispiel nach einem überstandenen Abend: «Wir hatten phantastische Plätze!» Und dein Partner pflichtet dir bei: «Wir haben **ganz toll gesessen**!» An das Programm könnt ihr euch nicht erinnern. Zu Recht nicht. Auf die Plätze kommt es an.

☞ Wenn du Abonnent bist, kann dir der Spielplan eh gleichgültig sein. Hauptsache, du weißt, wo du sitzt. Im Leben mögen tausend Gefahren drohen, **du hast deinen Platz**. Das Polster ist von dir höchstpersönlich durchgesessen worden. Die Armlehnen hast du in jahrelangem Fleiß abgeschabt. Da mag gespielt werden, was will, du bist der Besitzer.

☞ Aber hart trifft dich die Willkür des Schicksals. Und zwar wenn du dein Ticket im freien Verkauf erwirbst. Online oder an der Vorverkaufskasse: Die **virtuellen Sitzpläne** täuschen stets. Darauf wirkt jeder Platz akzeptabel. Das störende Publikum ist ja nicht eingezeichnet!

☞ Die Wirklichkeit am Abend ist stets niederschmetternd. Eine Mischung **hochdosierter Parfums** narkotisiert dich beim Suchen nach der richtigen Reihe. Im Kino verdeckt die Silhouette eines Vierkantschädels die gesamte Leinwand oder zumindest den Teil, auf dem die Action spielt.

☞ Im Theater musst du den eigentümlichen Wuchs fremden **Nackenhaares** studieren. Fühle dich gern als Naturforscher! Sonderbar, diese Wirbel und unvermuteten Kahlstellen! Und krabbelt da nicht was? Im Konzert bestaunst du vor dir den reichen Schuppenfall im Takt der Musik.

☞ Vorsicht. Falls du in der ersten Reihe sitzt, plustern sich die Schauspieler so nah an der Rampe auf, dass es beharrlich auf dich niedernieselt. Beim Ausstrecken der Beine bemerkst du, dass deine **Schuhe** seit längerem nicht geputzt worden sind. Von oben, aus Rängen und Logen, sieht man es ebenfalls. Denn ganz vorn im Parkett wird es nie richtig dunkel.

☞ Weiter hinten kannst du **schlummern**. Machen alle. Denn ab Reihe zwölf sinkt der Sauerstoffgehalt vorschriftsmäßig unter das lebensnotwendige Minimum.

☞ Auf Balkons oder Rängen atmest du die **gasförmigen Absonderungen** der Parkettbewohner. Wenn du da oben bis zur Pause bei Bewusstsein bleibst, kannst du dir die verlockend freien Plätze in den Reihen zwei, fünf und sieben einprägen. Ein Wechsel in der Pause wäre möglich. Allerdings versuchen auch andere, sich diese Positionen zu merken. Zähle immer wieder präzise nach, dann ist die Zeit wenigstens sinnvoll gefüllt.

☞ Genieße die Erleichterung nach der Pause. Fast jeder hat sich jetzt mit seinem Platz abgefunden. Und die zweite Hälfte ist erfahrungsgemäß **kürzer** als die erste. Endlich kannst du bei deinem Nachbarn erforschen, was gegeben wird, was da vorne überhaupt läuft. Er weiß lediglich, dass gegen halb elf Schluss sein soll. Na, herrlich! Und du hast spitzenmäßig gesessen!

So schaffst du es durchs Museum

An grauen Sonntagvormittagen, wenn du Verwandtenbesuch beschäftigen musst und dir nichts anderes einfällt, gehst du ins Museum. Zwar kostet das Eintritt, doch die

Räume sind klimatisiert. Niemand spielt Klavier oder rezitiert selbstgemachte Verse. Beifall wird nicht erwartet. Du darfst selbst bestimmen, in welchem Zeitmaß du die Werke abhakst, wann du aufs Klo gehst und in welcher entlegenen Abteilung du deinen Müsliriegel verzehrst.

☞ Wenn du Besuch ausführst, schicke ihn gleich am Anfang **unter kulturellem Vorwand** in ferne Säle – «Ihr wolltet doch den Vermeer sehen» oder «Jeder hat ja seinen eigenen Rhythmus» – und begib dich schnurstracks ins Café.

☞ Sorry, schnurstracks geht nicht. Ohne einen Blick auf Bilder zu werfen, kann niemand ins Café gelangen. Das hat **die sadistische Museumsleitung** so angelegt. Die Direktorin weiß, dass keiner durch einen Rubenssaal *eilt*. Der Schritt wird dort automatisch schwer, die Beine fühlen sich adipös an.

☞ Apropos adipös: Darfst du überhaupt ins Café? Kannst du dir den **Kuchen** noch leisten, gewichtsmäßig? Oder siehst du dann bald so aus wie auf den Bildern in diesem Saal?

☞ Vorsicht: Bei den Impressionisten bleibt deine Gefährtin freiwillig stehen. Sie stellt sich vor, wie ihr da Urlaub macht in diesen gemalten Landschaften. «Wo ist das eigentlich?» – «Das sind jetzt diese **Hochhausviertel** rund um Paris», behauptest du. «Die Banlieues. Aber natürlich, wenn du willst, können wir da hinfahren.»

☞ Okay, Reise abgeschmettert. Aber genieße seine oder ihre Enttäuschung nicht zu lange. Es gibt zu viele Gänge und Nebensäle zum **Verirren**. Du willst ins Café, das Café Klimt oder Café Liebermann oder Café Paula Modersohn-Becker heißt, damit das uralte Gebäck als authentisch durchgeht. Aber wo ist es eigentlich?

☞ Die Pfeile führen wie auf einer labyrinthischen Schnitzeljagd in die Irre. In einem abgedunkelten Saal lockt eine lederbezogene Bank. In deren Mitte hat sich eine bebrillte Mittfünfzigerin platziert. Sie **heuchelt Versunkenheit** in ein biblisches Breitwandformat. Wird sie für dich beiseiterücken? Oder ist sie schon dabei, sich hinzulegen? Sie wirkt nicht mehr ansprechbar. Die museumseigene Geistesdämmerung hat Besitz von ihr ergriffen.

☞ Auch du wirst dich dieses Phänomens kaum erwehren können. Vom dritten Saal an legt sich eine **bleierne Schwere** auf Hirn und Glieder. Es liegt an der gleichförmigen Flucht der Säle, an den mit schweren Stoffen verhängten Fenstern, am knarrenden Zeitlupenschritt der Wärter. Es liegt an den gewichtigen Werken und den leblosen Skulpturen und den geputzten Vitrinen, die alle gewürdigt werden wollen und Aufmerksamkeit fordern und nichts zurückgeben. Und es liegt am bedrückten Schweigen der anderen Besucher.

☞ Vorsicht, Unglückseliger, falls du deinen Verwandten begegnest! Du hast sie in den am weitesten entfernten Flügel geschickt. Aber vielleicht haben sie den verfehlt? Oder haben sie sich **schon sattgesehen** an dem herrlichen Vermeer? Sind sie danach an den verregneten holländischen Landschaften achtlos vorübergeeilt? Was für Banausen! Du hast ihre Eintrittskarten bezahlt! Welche Vergeudung.

☞ Verflixt, du hörst ihre Stimmen. An der Kasse haben sie noch beteuert, sie fühlten sich von den alten Werken inspiriert, von den neueren schöpferisch herausgefordert und von den allerneuesten zur gesellschaftlichen Auseinandersetzung gereizt. Diese **Phrasen** hätten sie sich sparen können.

Detektivisch verborgen hinter einem Türrahmen, siehst du die schale Wahrheit.

☞ Deine Verwandten sind typische Kunstbesucher. An der Kasse setzen sie den durchgeistigten Blick auf und erfüllen dann im Dreivierteltakt ihre **Bildungspflicht**. Das erste Gemälde in jedem Raum betrachten sie eingehend, an den beiden folgenden gehen sie eiliger vorüber, beim vierten gibt's wieder den etwas längeren Blick, dann wieder kurz, kurz, lang, und so fort im Dreivierteltakt des vorgetäuschten Kunstgenusses.

☞ Das schläfert sogar die **Überwachungskameras** ein. Aber du bleibst jetzt dran. Dein geschiedener Cousin hat eine neue Gefährtin, was nichts anderes heißt, als dass weder dir noch den Umstehenden sein fachkundiger Kommentar erspart bleibt.

☞ Wenn neben dem Bild ein Name wie Rembrandt zu lesen ist, tritt er einen Schritt zurück, nickt anerkennend und erläutert: «Das gefällt mir, doch, ja, diese ausdrucksvollen Gesichter, und dieses Licht, **unglaublich subtile Lichtbehandlung**, schau mal!» Steht auf dem Schildchen hingegen Terborch oder sonst etwas Ruhmloses, äußert er: «Damit kann ich jetzt, ehrlich gesagt, nicht so viel anfangen, du?» Sie schüttelt ergeben den Kopf.

☞ Zu schade, dass du ihn nicht in der Abteilung fürs überflüssige Neue ertappt hast. Dahin gehst du selbst nur alle drei Jahre, um zu sehen, wofür deine **Steuergelder verschleudert** werden. Die Werke kommentierst du nicht mehr, seit du mal mit Kennermiene ein dekorativ positioniertes Rohr gelobt hast: «Das könnte ein Kippenberger sein!» Kurz darauf wurde es von zwei Arbeitern weggetragen, augenscheinlich zur Heizungsmontage. Das feinsinnige Lächeln deiner Begleiter wirst du nie vergessen.

☞ Vielleicht hast du auch noch den einsamen Hocker gelobt – «spiegelt beispielhaft die **Vereinzelung in unserer Gesellschaft** wider» –, auf den sich anschließend der Wärter setzte. Mal im Ernst: Hätte der sich überhaupt setzen dürfen, obgleich Besucher im Raum waren? Oder gehörte er zur Installation? Dann hättest du doch recht! Und die beiden Arbeiter waren Kunsträuber, die unter deinen Augen einen echten Kippenberger beiseiteschafften! Zu spät.

☞ Jetzt jedenfalls willst du dich um keinen Preis erwischen lassen. Nur blockieren deine überflüssigen Verwandten den Weg zum Café. Was sollst du machen? Du kannst dir ja jetzt nicht einfach **Bilder ansehen**. «Es gibt doch noch einen anderen Weg, hintenrum», zischelt deine Gefährtin. «Wir kommen durch den Notausgang ins Café!» – «Ist der nicht alarmgesichert?» – «Das riskieren wir!»

☞ Zu spät. Ihr seid ertappt. «Ach, da seid ihr ja!», ruft dein Cousin begeistert. «Ich habe euch unrecht getan. Ich habe eben noch zu Sarah hier gesagt: Die **chillen** bestimmt im Café!» – «Was denkst du denn von uns?», empörst du dich. – «Marvin kennt sich super aus mit den ganzen Bildern und den Malern und so», meint die unbedarfte Freundin. «Ja, schließt euch doch einfach an!», stimmt der Cousin großmütig zu und zieht euch gleich mit. «Gönn dir das! Ich führe euch jetzt mal ein bisschen herum!» Du wirst nie mehr glücklich sein können.

So kommst du aus dem Kino

Kunst soll etwas Sinnliches sein. Doch wo sie subventioniert wird, ist Genuss nicht gern gesehen. Im Theater darfst du die Füße nicht auf der Vorderlehne entspannen, im Sinfoniekonzert keine Chips schmausen. Im Museum sollst du keine Bierdosen gegen die Bilder zischen lassen, und in der Oper darfst du nicht mal zu spät kommen. Wie erleichternd, dass es das Kino gibt! Sogar im gemütskranken Programmkino ist beinahe alles erlaubt.

☞ Bereits der Teppichboden aus **Synthetikflausch** versichert dir: Hier darf gern mal ein Kilo Popcorn zu Boden gehen. Es verschwindet für immer zwischen den Fransen. Flüssigkeiten werden restlos aufgesogen und regen die Fasern zu noch schnellerem Wachstum an.

☞ Sitze, Lehnen, Griffe, Wände, Leinwand, Vorderleute – **alles ist abwaschbar.** Aus gutem Grund! Im Dunkeln gehen Eissorten für fünf Euro pro Kugel rasch mal verloren und schmelzen an unauffindbarer Stelle. Tortillachips zerspringen unter deinem knackfesten Biss in alle Richtungen, Schokolade schmilzt körpernah, und von den Nachos tropft das Glutamat. Wie an mythischen Kindergeburtstagen dürfen du und deine Gäste alles in euch hineinstopfen und den Rest unauffällig verschmieren.

☞ Und wie damals darfst du aus märchenhaften Riesenpappbechern Flüssigkeiten schlürfen, die vierunddreißig Stück Würfelzucker pro Viertelliter enthalten. In New York sind diese Riesenbecher aus gesundheitlichen Gründen **verboten**. In deinem Kino gibt es sie noch. Sie erhöhen die Spannung, denn bei jedem Schluck verschwindet die Leinwand hinterm

Becherrand. Und es entsteht dieser herrliche, hollywoodreife Gruselsound, wenn du in den Becher hineinsprichst. Manche gedehnte Liebesszene lässt sich für die benachbarten Reihen mit diesem Darth-Vader-Effekt aufwerten.

☞ Doch auch ohne Pappbecher musst du etwas lauter sprechen. Nicht nur, weil ringsum alles raschelt, knistert, knuspert, mampft. Sondern weil der **Soundcheck** zu Beginn die Hörnerven für vierundzwanzig Stunden lähmt. Als eingeschworener Mega-Cinemaxx-Multiplex-Fan hast du schon ab dreißig Anspruch auf ein vollelektronisches Hörgerät, einen Schwerbeschädigtenausweis und, höchstes Glück, einen kriechend erreichbaren Behindertenparkplatz.

☞ Aber du willst niemals mehr raus aus dem Kino! Aus diesem umfassenden Wohlfühl- und Erlebniszentrum, in dem eigentümlicherweise auch **Filme** gezeigt werden. Deine Eltern erhielten perforierte Eintrittskarten von der Rolle, mussten mit Schokolinsen vorliebnehmen und hatten zum Abschmieren nichts als harte Klappsitze.

☞ Du hingegen sinkst in weiche Sessel, mit einem Partner sogar in doppelt breite Fauteuils mit **Stützfunktion** und Seitensichtschutz. Du könntest für immer bleiben, sofern dich der Pizzadienst versorgen würde. Klappt das vielleicht bald? Deine Eltern kamen eine halbe Stunde nach Anfangszeit, weil erst dann die Werbung vorüber war. Am Ende des Films erhoben sie sich ruckartig, wenn der Abspann begann. Du nimmst alles mit, von Anfang an, und du bleibst für immer sitzen.

☞ Oder musst du mal raus? Kein Problem. Sogar die Klos haben Verwöhnaroma und Eventniveau. Wenn du, wegen des zweiten Colaliters aus den Sitzreihen genötigt, plötzlich allein stehst zwischen den hell erleuchteten Fliesen und den blanken Spiegeln, umgeben vom Wasserrauschen, umspült von leiser Musik, kommst du dir sonderbar irreal vor. **Sind dies wirklich Toiletten?** Oder befindest du dich noch im Film? Kommen gleich die Gangster? Wirst du aus der Sprinkleranlage gefilmt? Ist das 3-D?

☞ Du betrachtest dich im Spiegel. Irre. Das bist du nicht. Du versuchst, so normal auszusehen wie damals im Leben. Es klappt nicht. Bist du auf Drogen? Du tust möglichst nüchtern, aber gerade das lässt dich irre wirken. Die tatenlos im Gang lungernden **Platzanweiser** sehen dir peinigend lange nach.

☞ Du bist neben der Spur. Die Rückkehr ins Dunkel des Vorführsaals, tastend entlang der gepolsterten Wände, wird zum schweißtreibenden **Hindernislauf.** Du findest die richtige Reihe nicht, falls du überhaupt die richtige Tür aufgedrückt hast!

☞ Nimm es hin, wenn du versehentlich einen anderen Film zu Ende siehst, in fremde Popcornbecher greifst und tröstend **unbekannte Hände** hältst! Wenn das Licht angeht, mag es zuweilen ein gewisses Befremden geben. Aber warum geht das Licht überhaupt noch an? Du brauchst das nicht. Schon lange nicht mehr. Du glaubst, du bist im Kino, stimmt's?

21 Namen, die du heute nicht hören willst und trotzdem hörst

- Boris Becker
- Heidi Klum
- Wladimir Putin
- Ursula von der Leyen
- Justin Bieber
- Miley Cyrus
- Dalai Lama
- Kate und William
- Lothar Matthäus
- Karl Lagerfeld
- Andrea Berg
- Markus Lanz
- François Hollande
- Cristiano Ronaldo
- Helene Fischer
- Dirk Nowitzki
- Joachim Löw
- Tim Mälzer
- Lena
- Lichter und Lafer
- Uli Hoeneß

HORRORTRIP REISE

12 sichere Aufreger im Flieger

Fliegen wird immer langweiliger. Brennende Triebwerke sind selten geworden. Turbulenzen, Gewitter, Luftlöcher werden ungerührt durchflogen. Sogar volltrunkene Piloten bringen die Maschine noch vor dem Ende der Landebahn zum Stehen. Das ist nichts für Leute, die sich einen Sinn für Dramatik bewahrt haben. Leute wie dich. Du willst Spannung. Und es gibt sie! Mit deiner Begabung kannst du dich selbst und andere Passagiere auf Touren bringen, vom überforderten Servicepersonal ganz zu schweigen. Falls du Raucher bist, geht das von selbst, zumindest auf Interkontinentalflügen. Du bist es gewohnt, zum Kaffee oder nach dem Gläschen Rotwein eine kleine Zigarette durchzuziehen. Jetzt wird sie dir verweigert? Du flippst aus. Bitte lass dich filmen! Besonders wie du in Gewahrsam genommen und bei einer extra eingeschobenen Zwischenlandung auf den Azoren aus dem Flieger geschleift wirst – diese Szene wird bei YouTube als Gangway-Style super Klickzahlen einsacken. Falls du Nichtraucher bist, musst du dir was anderes einfallen lassen. Zum Glück ist das nicht schwer.

☞ **Du sitzt in der Quetsch-Klasse.** Du bist kein Waffenhändler. Du bist kein EU-Parlamentarier. Also fliegst du nicht First Class. Du bist nicht mal UNO-Mitarbeiter. Sonst würdest du ebenfalls ganz vorn sitzen. Die zehntausend Repräsentanten der Vereinten Nationen kennen die Sitzabstände in der Economy Class nicht. Sonst wäre die Economy längst als Menschenrechtsverletzung geächtet worden. Du bekämest endlich Entschädigung für alle erlittenen Flugstunden. Ist aber nicht so. Du musst dir Beinfreiheit erobern. Informiere deinen Sitznachbarn über die letzte Statistik der Weltgesundheitsorganisation: Die wenigsten Economy-Reisenden sind vor dem Flug beinamputiert, danach sind es fast alle. Führe deinem Sitznachbarn die Vorteile der Amputation vor Augen: Thrombosen kommen danach im Bein nicht mehr vor! Jetzt will er sich bestimmt die Füße vertreten. Er soll sein Navi mitnehmen. Dann verläuft er sich im Flugzeug. Du streckst dich aus.

☞ **Du hörst Guinness-Babys.** Zum Tode Verurteilte schwanken bis zuletzt zwischen Furcht und Hoffnung. Genau wie du, als du in der Wartehalle die Säuglinge wahrgenommen hast. Du hast bei ihrem Anblick zu deinem verlorenen Glauben zurückgefunden und intensiv gebetet, dass sie weit weg von dir platziert werden. Das Gegenteil ist der Fall. Du hast zu spät an Gott gedacht. Jetzt schickt er dir zur Strafe Rundumbeschallung. Schreibabys im Dolby-Surround-Sound mit

THX-Verstärkung. Bereits beim Abheben zeigt sich, dass die Eltern ihre Babys vor der Sicherheitskontrolle vorübergehend eingeschläfert hatten. Jetzt wachen sie desto wütender auf. Sollten die Brüllpakete versehentlich wegdösen, werden sie von den Eltern sofort wieder geweckt. Denn die Eltern wollen einen im Guinness-Buch verzeichneten Rekord brechen: durchgehendes Schreien auf Interkontinentalflügen. Du kannst versuchen, Ihnen den Erfolg streitig zu machen.

☞ **Du bekommst Knast-Service.** Die legendären Blechnäpfe sind in europäischen Haftanstalten zur Jahrtausendwende gegen Plastikbesteck und wiederverwendbare Alufolien eingetauscht worden. Bei den Airlines ebenfalls. Ja, richtig gelesen: wiederverwendbar. Schau hin! In den Kratzspuren kleben noch die Saucenreste unglückseliger Vorbenutzer. Gefangenenhilfsorganisationen protestieren immer wieder gegen diese Bedingungen an Bord. Die *Alcatraz Alumni* hingegen – die ehemaligen Häftlinge von Alcatraz – plädieren für die Beibehaltung. Dieser Knast-Service erinnert sie an ihre rebellischen Jahre und an die Prügeleien mit folternden Wärtern. Spürst du das? Ja, auch in dir regt sich jetzt genügend Energie für Ausbruch und Flucht nebst Beseitigung störenden Personals. Gib dem Drang gerne nach!

☞ **Du schmeckst Motoröl.** In der Kabine eines Fliegers ist wegen des niedrigeren Drucks der Sauerstoffgehalt im Blut geringer als am Boden. Parallel nimmt das Geschmacksempfinden ab. Die Rezepte der Cateringfirmen enthalten deshalb Extraportionen vom Billigsten: Salz, Zucker und Geschmacksverstärker. Die meisten Gerichte enthalten überhaupt nichts anderes mehr. Oder was hast du da vor dir auf dem Klapptischchen? Die ockerfarbene weiche Pappe könnte ein Brötchen darstellen. In den versiegelten Näpfchen befinden sich schmierig gerührte Kohlenhydrate. Aber was ist das Braune? Du hast kürzlich gehört, dass französische Gastrokritiker für zwei verschiedene Altöle beim Catering plädieren, damit Beef und Chicken beim Verzehr annähernd unterscheidbar sind. Bislang werden beide im selben alten Motoröl serviert. Willst du das Ganze sofort in die Kotztüte füllen? Oder erst mal gründlich durchkauen und einspeicheln?

☞ **Du erstickst auf dem Mittelplatz.** Du warst mit deiner Reservierung etwas spät dran. Oder einem sadistischen Computer hat dein Name nicht gefallen. Nun sitzt du da, nicht am Gang und nicht am Fenster. Von links quillt Mister Supersize über die Lehne. Von rechts fächert eine Kurzsichtige die kostenlose Tageszeitung zur Breitwand auf. Wenn sie dir die Gesundheitsseite unter die Nase hält, wehre nicht gleich ab: Da wird gerade erklärt, was ein Quetschbruch ist. Es handelt sich um eine durch langsames Quetschen verursachte Trümmerfraktur. Und das ist exakt das, was du gerade erleidest. Dass du nicht mehr atmen kannst, vermisst du kaum. Denn mit jedem Atemzug hast du wider Willen die sauren Abbauprodukte von Mister Supersize eingesogen. Du darfst jetzt mit vollem Recht kotzen, entweder in die Zeitung rechts oder in einen der Fettringe links.

☞ **Du wirst aus dem Ein-Euro-Shop versorgt.** Du warst lange nicht mehr im Ein-Euro-Shop und weißt deshalb nicht, welche Filme dort auf dem Grabbeltisch zu haben sind. Jetzt bekommst du sie zu sehen, in angemessener Qualität. Das sogenannte Inflight-Entertainment vereinigt den optischen Trübsinn des Mäusekinos mit dem senilen Sound ausrangierter Hörgeräte. Alternativ kannst du die Flugroute auf dem Bildschirm verfolgen, das insektenhafte Krabbeln des Flugzeugs über eine trübsinnige Landkarte. Wenn dir nicht ab und zu jemand von hinten durch den Sitz einen Tritt geben und dein Vordermann nicht ab und zu ruckartig seine Rückenlehne verstellen würde, du müsstest in die Depression gleiten. So wirst du immer mal wieder herausgerissen und kannst dich ein bisschen aufregen.

☞ **Du trocknest aus.** Du hast gelesen, man solle was trinken über den Wolken. Tatsächlich verspürst du Durst. Es hat lange gedauert, bis du was zu trinken bekommen hast. Erst zum Essen. Mit etwas Glück gab es noch einen Schluck danach. Dann war Schluss. Dein Besteck musstest du abgeben. Deinen Becher auch. Die Gouvernanten in Uniform sind verschwunden. Allenfalls wenn du dein Rollo hochziehst, weil du die Sonne sehen willst, eilen sie herbei und ziehen es wieder herunter, denn du sollst den Film sehen. Erst wenn du es dunkel haben willst, weil du schlafen möchtest, werden sie es wieder hochziehen, damit du den Sonnenaufgang nicht verpasst. Sie erziehen dich, damit du in deinen letzten Lebensminuten noch ein guter Mensch wirst. Dann darfst du guten Gewissens verdursten.

☞ **Du erlebst Terroristen.** Sie sehen harmlos aus. Aber sie schnarchen. Sie wandern herum, um ihre Thrombose zu lüften. Sie stehen zwei Reihen vor dir im Gang bei einem Dummschädel aus ihrer Reisegruppe und führen volltönend Gespräche. Sie ziehen ihre Schuhe aus und trocknen ihre Socken. Sie glauben, das Waschen des Körpers vor dem Abflug sei verboten. Aus religiösen Gründen benutzen sie keine Deodorants. Sie besitzen ein Handy und spielen ihren mitfliegenden Freunden das Klingelton-Abo vor. Und einen Lieblingssong haben sie auch. Sie versuchen nachzuahmen, was sie im Film gesehen oder von Freundesfreunden gehört haben: Sex auf dem Klo. Beklommen schleichen sie nach hinten, ebenso stolz wie frustriert kehren sie zurück. Sie sind die neuen Terroristen. Aber welches Ziel verfolgen sie?

☞ **Du sitzt neben einem Comedian.** Er ist der Schisshase der gesamten Maschine. Und er sitzt neben dir. Er verbirgt seine Flugangst hinter mühsam erlernten Scherzen. Zum Beispiel: «Ist Ihnen der Kerosingeruch auch schon aufgefallen?» Du lächelst nicht. Das würde ihn nur ermutigen. Du schweigst. Oder du antwortest: «Ja, aber Maschinen von diesem Typ explodieren eigentlich erst in größeren Höhen.» Er nimmt all seinen Mut zusammen und macht den Witz: «Was qualmt denn da oben?» Du sagst vielleicht: «Ja, ich habe gesehen, die Stewardessen sind kreidebleich nach hinten geeilt.» Er hat noch einen Scherz drauf: «Ich sag ja: Runter kommen sie immer.» Du sagst: «Aber niemals unter dein Niveau, Schwachkopf!»

☞ **Handyfilmer beugen sich über dich.** Das passiert, wenn du am Fenster sitzt. Entweder beim Abheben oder bei der Landung oder zwischendurch, wenn tief unten Grönland zu sehen ist. Früher waren es Hobbyfotografen, die mit gemurmelter Entschuldigung ihren Bauch über dich wälzten, um aus deinem Fenster zu fotografieren. Jetzt sind es filmende Touristen, die bei YouTube Videos posten wie «Start in München» und «Anflug auf Antalya» oder «Take off at Kennedy Airport» und «Landing in Frankfurt». Ton- und Bildqualität dieser wichtigen Dokumente zu unterbieten, ist schwer vorstellbar, aber mindestens einer versucht es auf jedem Flug. Am liebsten aus deinem Fenster.

☞ **Applaus nach der Landung.** Gewöhnlich wird der Applaus von der kostenlos mitreisenden Schwiegermutter des Kopiloten organisiert. Ahnungslose fallen begeistert ein. Du hast jedes Recht, total genervt zu sein von diesem dilettantischen Applaus. Oder du kannst einstimmen. Immerhin musstet ihr keinen Zwischenstopp über Nacht einlegen, und der lebensmüde Pilot hat den Flug nicht für einen hochdramatischen Freitod benutzt. Außerdem kann der Beifall ehrlicher Ausdruck der Vorfreude sein; immerhin folgt gleich eine liebevolle Begegnung mit der Security des Gastlandes. Bevor du einstimmst, horche jedoch genau. Oft handelt es sich gar nicht um Applaus, sondern nur um das wiederholte Klatschen von Ohrfeigen, mit denen sich die Stewardess eines Gastes in der ersten Klasse erwehrt.

Sieben Dinge, die du im Flieger keinesfalls tun wirst ...

... oder nur, wenn dir langweilig ist:

- beim Start applaudieren
- einen Raucher ermutigen, sich auf der Toilette einzuschließen, wenigstens für eine Zigarette
- einem vorbeiwandernden Thrombose-Vorbeuger ein Bein stellen, natürlich unabsichtlich
- deine Initialen oder den Namen deines Lieblingsfeindes ins Fenster ritzen

- Tomatensaft bestellen und ihn aus Versehen über deinen Sitznachbarn kippen
- mit einem Lippenstift das arabische Zeichen für *Allah* auf den Spiegel der Bordtoilette schmieren
- bei der Landung buh rufen

Nervenprobe Aufbruch

Reisen kann schön sein. Abreisen ist immer schrecklich. Du wolltest weg, in die Metropole, auf die Insel, auf den Berg. Irgendwann hast du das beschlossen, und damals war die Vorstellung herrlich. Jetzt sieht es anders aus. Jetzt droht der Abreisetermin.

☞ Du fragst dich, warum du nicht **zu Hause bleiben** kannst. Wo es dir gutgeht. Wo du ein Bett hast, in dem du schlafen kannst, eine Kaffeesorte, die schmeckt.

☞ **Der Abreisetermin kommt ungelegen.** Ausgerechnet jetzt türmen sich dringliche Angelegenheiten. Briefe, Überweisungen, Telefonate. Es gibt Projekte, die gerade jetzt, nur jetzt, perfekt abgearbeitet werden könnten.

☞ Du rechnest: Wenn du **nur eine Woche mehr Zeit** hättest! Es gibt diese Woche nicht. Am Abend, in der letzten schlaflosen Nacht wird dir klar: Wenigstens einen Tag müsstest du noch haben. Nur einen einzigen Tag für Pflanzen, Tiere, Waschmaschinen. Zu spät.

☞ Während du dem Taxifahrer entgegenbibberst und hektisch letzte Dinge allerhöchster Priorität erledigst, wünschst du dir sechzig Minuten. **Nur eine einzige Stunde** mehr zur Erledigung des Allerwichtigsten, und du könntest fröhlich die Tür schließen!

☞ Es wird keine Frist gewährt. Der Fahrer klingelt. Das Schicksal packt dich mit knöchernem Griff. Du bist nur eine **substanzlose Hülle**, die vom Taxi durch die Stadt gefahren wird.

☞ Hast du eigentlich das Wasser abgestellt? Und in welchem Zimmer steht noch das Fenster offen? Welche **Herdplatte** glüht noch? Und wer bringt jetzt den Müll runter?

Die lästigen anderen

Zu den scheußlichsten Begleiterscheinungen einer Reise gehören die anderen. Die Leute, die das Flugzeug füllen. Die im Frühstücksraum das Buffet abräumen. Die mit ihrer Drängelei die Seilbahn ins Schwanken bringen. Die überall herumstehen, fotografieren, rufen, Witze machen, Aussichtsplätze und Cafés besetzen. Warum sind sie unterwegs? Was treibt sie in die Ferne, raus aus ihren Wohnungen, wo sie ihrem primitiven Geschmack frönen konnten und dich nicht störten?

☞ Bereits auf der Autobahn erhebt sich die Frage: **Was tun all diese Leute** um diese Zeit hier? Warum fahren sie ausgerechnet jetzt nach Süden? Du musst wirklich hin. Aber diese Straßenverstopfer könnten bestimmt etwas Nützlicheres tun! Und warum nehmen sie nicht den Zug?

☞ Nicht besser: die Flugreise. Bereits das Betreten der Halle ist entmutigend. Diese Schlangen vor den Schaltern! All diese Leute, die sperrige und **komplizierte Gepäckstücke** aufgeben wollen. Oder deren Flugschein fragwürdig ist, sodass umständlich telefoniert werden muss, und dann kommt ein Experte und weiß auch nichts. Kann das Reisen nicht beschränkt werden auf Menschen, die Stil haben?

☞ Im Warteraum kannst du noch eine individuelle Schutzzone aufrechterhalten, indem du die kostenlosen Zeitungen um dich herum auslegst. Doch an Bord sind die Plätze **unerbittlich zugeteilt.** Du wirst auf Tuchfühlung neben jemandem sitzen, der noch den Rauch der letzten Zigarette ausdünstet. Die Bazillen fernsitzender Huster werden von der Klimaanlage angesogen und aus der Düse über dir wieder ausgestoßen.

☞ Warum meinen all diese Leute, sie müssten partout **mit deinem Flugzeug fliegen**, ausgerechnet an den Ort, an den eigentlich nur du reisen wolltest? Werden sie da auch noch die Straßen verstopfen? Die Hotels belegen? Die besten Plätze auf den Ausflugsschiffen wegschnappen?

☞ Wenn du eine Busreise gebucht hast, hat nur der Reiseführer seinen uneinnehmbaren Nobelplatz. Du hingegen musst mit den anderen in **dezenter Feindseligkeit** konkurrieren. Nur wenn du zu den Siegern gehörst, die den besten Platz okkupiert haben, wenn du unmittelbar hinter der Frontscheibe thronst, ist alles gut. Dann kannst du abweisend aus dem Fenster sehen. Oder dich mit den Reisenden hinter dir unterhalten, um jedem Neider zu signalisieren, dass du auf diesem Platz heimisch bist. Falls dir hingegen ungehobelte Barbaren diese Plätze weggeschnappt haben, musst du den Reiseleiter diskret davon überzeugen, dass das **Rotationsprinzip** eingeführt wird. Zumal dir immer schlecht wird, wenn du nicht ganz vorn sitzt.

☞ Dann die Schlangen von Leihwagen auf der empfohlenen Aussichtsroute, das Gedränge auf jedem im Reiseführer erwähnten Platz, die frohgelaunten Chorsänger in Bergschluchten, **die besoffenen Pilger** auf dem Weg nach Compostela, die Handytelefonierer in Kathedralen, die von eingeölten Leibern angedickten Pools, die schnöseligen Hotelbars, die Frühstücksräume voller Morgenmuffel. Du kannst nicht mal mehr allein den Yukon runterpaddeln: Die anderen kommen dir auf Reisen stets zu nahe.

Gedroschene Phrasen

Du weißt bestimmt schon, wohin du reist: in ein **Land der Kontraste**. Da, wo du hinkommst, gibt es quirlige Städte und unberührte Natur, Tradition und Fortschritt, Arm und Reich, und manchmal prallen diese Gegensätze unvermittelt aufeinander. So steht es in deinem Reiseführer, Papier oder digital. Demnach wirst du lohnende Blicke und gewaltige Panoramen erleben, bunte Märkte, ehrwürdige Gebäude und liebenswerte Einheimische.

So steht es da. Denn es gibt nur einen einzigen Reiseführer oder hat ihn mal gegeben: den **Ur-Reiseführer**, von dem alle anderen abgeschrieben worden sind. Lediglich die Namen von Städten und Gebäuden werden per Tastendruck ausgetauscht. Hier das Wichtigste, womit du belästigt wirst.

☞ Das Land, in das du reist, hat eine **wechselvolle Ge-**

schichte. Diese Geschichte hat Spuren hinterlassen, in der Landschaft, in den Bauwerken, aber auch in den Gesichtern der Menschen. Manches dieser Gesichter könnte selbst eine Geschichte erzählen.

☞ Die Vorfahren der heutigen Bewohner haben das Land in entbehrungsreicher Arbeit **urbar** gemacht. Jetzt treiben die Nachkommen eine blühende Landwirtschaft, mit Ausnahme derjenigen, die den kargen Böden in mühevoller Arbeit Früchte für den Lebensunterhalt abtrotzen.

☞ Zunächst einmal gelangst du in die berühmte Stadt. Es handelt sich um eine **faszinierende Symphonie** aus Steinen, Farben und Formen. Das neue Selbstbewusstsein des Landes drückt sich in modernen Bauten und fortschrittlicher Architektur aus.

☞ Doch die Einheimischen haben sich den **Sinn für Tradition** bewahrt. Sie sind stolz auf ihre imposanten Baudenkmäler, die Zeugnis ablegen von der eindrucksvollen Baukunst der Vergangenheit.

☞ Über einigen historischen Ensembles liegt **der Charme des Morbiden**. Versäume nicht, die Fassade des Schlosses zu bewundern; sie sucht ihresgleichen. Eine großzügige Freitreppe führt zur monumentalen Säulenhalle.

☞ Die alte Kathedrale zeichnet sich durch eine **prunkvolle Innenausstattung** aus. Betrachte die holzgeschnitzten Reliefs und die Statuen mit dem verinnerlichten Gesichtsausdruck. Ein paar Stufen führen in die Krypta mit den Sarkophagen einstiger Herrscher. In der Ostfassade kannst du noch Steine des Vorgängerbaus aus dem achten Jahrhundert entdecken.

☞ Wenn du aus der Tür trittst, befindest du dich mitten auf

dem zentralen Platz. Er ist Dreh- und Angelpunkt der Stadt. Hier herrscht immer reger Betrieb. «Sehen und gesehen werden» ist das Motto. Der Brunnen dient als bevorzugter Treffpunkt für Verliebte. Auf den Terrassen der Restaurants mischen sich **Künstler und Schriftsteller** unter die Gäste und tauschen Neuigkeiten aus.

☞ Geheimtipp: Setze dich in eines der Cafés und sieh dem bunte Treiben zu. Noch geheimer: Begib dich anschließend in eine der schattigen Seitengassen, wo du abseits vom Trubel noch **das ursprüngliche Leben** entdecken kannst. Schlendere durch die pittoresken Gänge mit den gemütlichen alten Weinstuben und den poetischen Winkeln mit bunten Häuschen, in denen kleine Handwerker und Künstler wohnen. Leider werden sie zunehmend von eleganten Boutiquen verdrängt.

☞ Dann besuchst du den Markt. Er ist frühmorgens am interessantesten, wenn sich buntes Obst und Gemüse hoch auf den Ständen türmen. Genieße **das bunte Getümmel**, die anpreisenden Rufe der Händler und das Fest der Farben, Gerüche und Aromen.

☞ Der Park hingegen, ein paar Kilometer weiter, ist eine grüne **Oase der Ruhe**. Und wenn du Zeit hast, spaziere noch über den Friedhof. Mit den zahlreichen Gräbern berühmter Verstorbener nimmt er einen besonderen Rang ein.

☞ Noch ein Wort zu den Einheimischen: **Sie essen und trinken gern** und feiern ausgelassen. Sie öffnen sich dem Fremden nicht sofort, dann aber umso herzlicher. Die Hektik unseres modernen Lebens ist ihnen fremd. Sie haben sich ihre eigene Gelassenheit bewahrt.

☞ Schön, nicht wahr? Schön ätzend. Bestimmt wirst du

wiederkommen wollen. Denn es handelt sich um ein Land, in dem es noch viel zu entdecken gibt. Oder auch nicht so viel. Oder gar nichts. Genau genommen kann es dir gleich gestohlen bleiben. Danke.

Ernüchternde Ankunft

Die Ankunft am Urlaubsort ist die Ankunft im Paradies. Gefolgt von der sofortigen **Vertreibung** daraus. Am ersten Tag bist du noch entschlossen, alles schön und begeisternd zu finden. Aber du blickst dich um, und die Gefühle sind gemischt. Wenn du ausnahmsweise pauschal gereist bist, triffst du als Erstes die Leute, die das immer tun. Beim vorgeschriebenen **Begrüßungstreff** stehen sie in zerknitterten Shorts um einen Reiseleiter im Anzug oder sitzen hufeisenförmig um eine geföhnte Hostess. Alle unausgeschlafen, alle um vier Uhr aufgestanden, jetzt aber zu hochprozentigen Begrüßungscocktails aus Feigen oder Sangria genötigt. Aber du reist nicht pauschal. Das tust du dir nicht an.

☞ Du bist Individualist. Du stehst am ersten Tag allein vor dem Hotel und fragst dich, wie der Fotograf es geschafft hat, den Betonbau mit so viel Grün oder sogar mit Meer und herangezoomten Bergen aufzunehmen. Und hat er **sonntags bei Sonnenaufgang** fotografiert? Oder weshalb waren all die Autos nicht zu sehen, die sich jetzt brüllend vorüberwälzen?

☞ Du unternimmst einen Erkundungsspaziergang. Angeblich soll alles ganz nah sein. Okay, einiges liegt tatsächlich nah, das Gewerbeviertel zum Beispiel. Aber die Altstadt liegt wohl doch eher woanders. Hier sieht alles mehr nach Beton aus. **Sexyland, Fixfoto, Original Irish Bar,** ein Bürohaus mit bronzierten Scheiben. Manchen Ländern sollte man den Fortschritt einfach verbieten.

☞ Wenn du ans Meer gereist bist, erkennst du nun, dass du eine Weile fahren musst, wenn du nicht **zwischen all den anderen** Platz nehmen willst. Wenn du in den Bergen bist, fallen dir von fern die glitzernden Busse an der Talstation auf. Den lärmenden Inhalt wirst du oben treffen.

☞ Oder hast du einen **geheimen Ort** in Schweden oder in der Provence, etwas Abgelegenes, einen Ort, der beinahe schon dir gehört? Er gehört auch noch ein bisschen den Einheimischen, klar. Aber du bist schon so häufig da gewesen, dass man dich dazuzählt. Dreißig Kilometer bevor du den Ort erreichst, fühlst du dich heimisch und sicher. Dann, bei der Einfahrt, beschleicht dich eine leise Bangigkeit. Was bedeutet dieser Bauzaun? Und dieses Hinweisschild auf einen Discounter?

☞ Der Empfang in deiner geheimen Pension hat sich verändert. Der Tresen glänzt jetzt rustikal poliert mit eingelassenen LED-Strahlern im Schnitzwerk. Bist du erst zum dritten Mal hier? Dann erwartet dich eine weitere Überraschung. Die Wirtin, die dich im letzten Jahr so herzlich und mit persönlicher Wärme verabschiedet hat, **erkennt dich nicht wieder**. Oder sie hat das Geschäft wegen ihrer Hüfte dem Sohn übergeben. Der will einiges anders machen. Vor allem Geld verdienen.

☞ Du bekommst dein gewohntes Zimmer? Auch hier klebt jetzt ein Schild neben dem Badezimmerspiegel, das dich auffordert, dein Handtuch möglichst lange zu benutzen. Du trittst auf den Balkon. Immerhin sind da die Fixpunkte der Landschaft. Den Berg wird man nicht abreißen. Nur der Garten des netten alten Mannes ist **verschwunden**. Die Fläche ist betoniert und dient zwei Autos als Stellplatz. Das Motorengeräusch wird dich morgen früh wecken. Du legst dich aufs Bett. Es hängt durch, die Federn quietschen. Das hattest du vergessen. Immerhin, es ist unverändert.

Gruselkabinett Hotel

Deine Ansprüche sind nicht übertrieben. Du willst nur **ein sauberes, ruhiges Zimmer** nebst ausgeleuchtetem Bad. Du möchtest aufs Meer sehen, von einem windgeschützten Balkon aus. Notfalls bist du auch mit einem Blick auf den Park zufrieden, wobei du allerdings nicht durch das Grölen von Betrunkenen wach gehalten werden möchtest oder vom Geschrei läufiger Katzen. Du willst die Stadt überblicken, aber wenn du bei geöffnetem Fenster schläfst, möchtest du keinen Straßenlärm hören. Das ist auch schon alles. Selbstverständlich dürfen **andere Gäste da** sein. Du willst kein leeres Hotel wie in *Shining*. Aber es wäre gut, wenn du die anderen nicht allzu deutlich wahrnehmen müsstest. Optimal, wenn es ein leeres Pufferzimmer gäbe zwischen dir und den anderen. Doch so etwas verlangst du nicht. Du bist unkompliziert. Du möchtest dich einfach nur wohlfühlen. Doch gerade das erweist sich als schwierig.

☞ Du betrittst die Hotelhalle ein wenig beklommen. Fast jedes Foyer wirkt abweisend und übertrieben, und das Lächeln des Personals überzeugt nicht. An der Rezeption steht eine größere Gruppe lärmender Pauschaltouristen. Offenbar ist gerade die Schlüsselvergabe in Gang; sie schnappen dir die letzten Zimmer weg. Zweifellos **Leute unter deinem Niveau**. Leute über deinem Niveau allerdings – über deinem finanziellen Niveau, das geistige ist unerreichbar – sind meist noch belastender.

☞ Du hast leider Zeit, dich umzusehen. Die Halle wirkt einigermaßen nobel. Erfahrung lehrt dich, dass das überhaupt nichts besagt. Foyer in Marmor und Gold, und oben auf den Fluren schimmelt die Tapete, und die Kabel platzen aus den Wänden. Trotzdem: Wie kommt diese abgründige Busgruppe hierher? Zahlen diese **johlenden Banausen** den günstigen Herdentarif? Und wieso kümmert sich das gesamte Personal nur um sie? Du wartest in banger Ungewissheit.

☞ Und die wird mitunter **noch schlimmer**. Wenn nämlich eine livrierte Dame kopfschüttelnd auf ihren Monitor blickt und tippt und sucht und schließlich fragt, wann du denn gebucht hättest. Mit wem du gesprochen hättest? Sie verschwindet nach hinten, diskutiert da lange, du siehst es durch die Lamellen, jemand anderes starrt dich von dort an; dann kehrt sie achselzuckend zurück und bedauert.

☞ Es gibt solche bitteren Momente. Meist gehen sie vorüber. Du kriegst einen Schlüssel. Unvermeidlich wird ein **Kofferträger** herangewunken. Das Geld für ihn wolltest du eigentlich sparen, zumal du nur Scheine bei dir hast. Wieso schimmert eigentlich Arroganz durch seine aufgesetzte Freundlichkeit? Wofür hält er dich? Ganz einfach: Gibst du ihm zu wenig, hält er dich für einen Knauser, gibst du ihm zu viel, für einen Dummkopf. Er lässt dir den Vortritt zum Fahrstuhl, oben im Gang folgst du ihm.

☞ Er schließt die Zimmertür auf. Ein Moment zwischen Furcht und Hoffen, ungefähr wie in der Kindheit beim Einlass zur Bescherung. Nur dass du jetzt nicht mehr an den Weihnachtsmann glaubst. Blitzschnell erfasst du, dass die Aussicht direkt aufs Gewerbegebiet geht. Während der sogenannte Boy dir erklärt, **wie man das Licht einschaltet** und den Wasserhahn aufdreht, überlegst du bereits, wie du das Zimmer tauschen kannst. Du solltest dich vorsichtshalber noch nicht auf die Betten werfen. Kurz aufs Klo, klar, das muss möglich sein. Den Hygiene vortäuschenden Papierstreifen klemmst du anschließend wieder auf die Brille.

☞ Das Zimmer hat Pauschalgröße. Es sieht aus wie alle anderen Zimmer in allen anderen Hotels dieser Kategorie: mit dem **Fernseher auf der Minibar** und der eingezwängten Sitzecke und dem Einbauschrank mit den diebstahlgesicherten Bügeln. Im Badezimmer das leidige Schild, das dich zur Umweltfreundlichkeit auffordert, in Wahrheit dem Hotel Geld und Arbeit ersparen soll. An der Klopapierrolle ist das aktuelle Blatt sorgsam eingefaltet; du sollst nicht ins Grübeln kommen, wer hier wann zuletzt etwas abriss und weshalb.

☞ Du prüfst die Matratzen. Egal, wie sie sind, sie sind anders als zu Hause. Auch die **Chipsreste unter dem Bett** sind nicht deine. Du versuchst die Fenster zu öffnen, ohne dich von ihnen erschlagen zu lassen, oder stemmst die Balkontür auf. In der Regel wohnst du nicht allzu weit von der Fritteuse. Fast immer tropft auch irgendetwas von oben. Hoffentlich ist es nur Wasser.

☞ Du lauschst dem hydraulischen Ächzen des Fahrstuhls und studierst den ausgehängten Grundriss des Stockwerks mit dem eingestrichelten **Fluchtweg**. Er wirkt extrem kompliziert.

☞ Die ganze Wahrheit offenbart sich jedoch erst bei Nacht, wenn du in den Hitzestau der **vollsynthetischen Bettdecken** kriechst. Dann hörst du die Geräusche überdeutlich. In der Halle spielt immer noch dieser Mann am Klavier mit seinem Schlagzeugcomputer. Der Lärm der Gäste an der Bar ist übermütiger geworden, es handelt sich um eine **Versammlung aus belobigten Vertretern**. Vom Balkon aus hast du vorhin noch Damen eintreffen sehen, die am Lob mitverdienen wollen.

☞ Jetzt geht nebenan die Tür, der Schlüssel klickt dagegen. Nun wird sie zugeknallt. Danke. Und richtig, schon rauscht die **Klospülung**. Dann wird der Fernseher eingeschaltet. Sollst du der Einfachheit halber dasselbe Programm sehen? Oder leistet sich der Kerl drüben das kostenpflichtige Spezialprogramm? Über dir versammeln sich unterdessen die Pauschalreisenden zu einem kleinen **Fest**. Es ist immer schön, wenn andere Menschen heiter sind.

☞ Oder liegst du nur wach, weil die Betten im Fokus geballter Erdstrahlen stehen? Und wenn du nun schlaflos bleibst, wirst du dann wenigstens als Allererste zum Frühstücksbuffet aufbrechen? Nein, du wirst **gerädert im Morgengrauen** einschlafen. Und wirst unten erst eintreffen, wenn alles abgefressen ist. Immerhin, es bleibt dir eine Hoffnung: dass das Auschecken schneller geht als das Einchecken. Ach ja, und du kannst die Minipackungen Duschgel und Body Lotion aus dem Badezimmer mitnehmen und das **Schuhputztuch**. Dann hast du schon mal kleine Geschenke. Für die beneidenswerten Daheimgebliebenen, denen du schon aus Rache vorschwärmen wirst, wie toll das Hotel war.

Strapaziöse Sehenswürdigkeiten

Nicht ist so aufreibend wie das Kulturprogramm. Nichts so beschwerlich wie die sogenannten Sehenswürdigkeiten. All die öden Burgen, Kirchen und Museen. Diese Denkmäler für längst vergessene Eroberer, Reste irgendwelcher Tempelanlagen oder antiker Brunnensysteme, die Ruinen, Festungstürme, Pyramiden, die steinernen Grabplatten für vermoderte Äbte, die düsteren Altäre, all die Schlösser mit ihren endlosen Zimmern voller Plunder, die Museen mit ihren einschläfernden Bildersälen, die stupiden Mosaiken und bleichen Fresken, die eingerüsteten Kirchenfassaden, eine wie die die andere, aber **immer schön hochstarren**, und obendrein noch Komponistenhäuser, Dichterzimmer, Krönungssäle, Ratsherrenstühle, Taufbecken, Grüfte voller steinerner Königspaare, an denen man im Gänsemarsch vorbeigelotst wird.

☛ Wie grauenhaft ist das alles, wie quälend! Und doch siehst du dir alles an. Du stehst morgens an der Kasse für die Führung am Nachmittag, aber kaum hast du das erste Zimmer aus **Plüschtapeten und Dackelfransen** betreten, wünschst du dir sehnlichst, die Besichtigung möge schnell zu Ende sein.

Und schleppst dich hinter dem Führer her und möchtest jeden meucheln, der da mit streberhaftem Interesse eine Frage stellt.

☞ Und du kannst es nicht verhindern. Denn dir ist nachdrücklich eingebimst worden, dass Kathedralen, Burgen, Kaiserpfalzen **unglaublich interessant** seien. Und obendrein musst du befürchten, dass man dich nach deiner Rückkehr zur Rede stellt: «Wieso, du warst in Madrid und bist nicht im Prado gewesen? Wie bitte?! Das darf doch nicht wahr sein!»

☞ Das musst du dir ersparen. Deine scheinheiligen Freunde geben immer damit an, dass sie **irgendeine frühchristliche Basilika** total schön fanden. Und deine geschiedene Bekannte behauptet: «Die Atmosphäre in der Scuola San Rocco fand ich ja einmalig, also, das ist was ganz Besonderes! Kennt ihr die? Die Scuola San Rocco?» Nee, kennst du nicht. Willst du auch nicht kennenlernen. Aber jetzt musst du mit einer ebenbürtigen Lüge kontern. So geht das Spiel. Und weil du mitmachen willst, siehst du dir den ganzen Krempel an.

☞ Deswegen klapperst du ab, was die Führer vorschreiben, und vergisst es sofort wieder. Von Siena zum Beispiel bleibt dir **nichts in Erinnerung**. Allenfalls der Platz, und auch der nur, weil du dich nach all dem gotischen Pflastertreten endlich mal hinsetzen kannst. Weil du da in Ruhe Eis löffeln darfst. Und weil das Rathaus ganz einfach nur dasteht, stressfrei und kostenlos. Du brauchst nicht mal den interessierten Blick aufzusetzen.

☞ Unglücklicherweise nimmst du dann den Stadtplan heraus und stellst entsetzt fest, dass da immer noch ein paar Klöster und Kaufmannstreppenhäuser auf **dein Häkchen** warten. Und du starrst deine Begleitung an, und euer beider

Blicke besagen: «Müssen wir da auch noch hin?» Und dann fällt dir etwas ein wie: «Man soll ja nicht zu viel machen.» Und deiner Begleitung: «Sonst überlagern sich die Eindrücke, das wäre auch schade.»

☞ Ja, genau, das wäre schade, du Heuchler. Weil du auf der Piazza zwar gerade noch weißt, wer der Dombaumeister von Siena war, aber von Arezzo, wo du am Tag davor gewesen bist, weißt du es schon nicht mehr. Nicht weil sich die Eindrücke überlagern. Sondern weil dich dieser Kram sowieso **nie interessiert** hat. Weil dein Gehirn Besseres zu tun hat, als sich die Namen von Kanzelbildhauern und Kreuzigungsschnitzern zu merken.

☞ Gib zu: Du willst eigentlich nur essen, trinken und relaxen. Natürlich nicht ballermannmäßig, sondern mit Kultur verbrämt. Aber let's face it: Das einzig Gute an der Alhambra sind die paar Brunnen zum Füßekühlen und der Garten fürs Nickerchen. Und das Beste am Louvre sind **die geschlossenen Säle** plus die Klos in der wenig besuchten Antikenabteilung. Bei Schlossbesichtigungen interessieren dich allenfalls die Schlafzimmer, weil du dir vorstellst, wie du jetzt schläfst, statt dich bildungshuberisch belehren zu lassen. Aber das Schönste ist überall und immer der Ausgang.

Gemeine Empfehlungen

Und zieh dir was über und nimm einen Schal mit und putz dir vor dem Schlafengehen die Zähne! So war das früher, als du auf Klassenreise gingst. Deine Mutter erteilte dir unerbetene Ratschläge. Mittlerweile bist du erwachsen. Und wirst immer noch vor jeder Reise ermahnt.

☞ «Wenn du in Budapest bist, geh ins Gellert-Bad, das ist das Wichtigste!» Na schön. «In Vancouver darfst du **auf keinen Fall** Vancouver Island auslassen, sonst hat sich die ganze Reise nicht gelohnt!» Ja gut. «Am Hafen von Helsinki musst du die Straßenbahn Nr. 3 nehmen, die fährt dich rund um die Stadt, nicht vergessen!» Danke.

☞ Für Positano bekommst du die Adresse einer Terrasse, auf der du einen Limoncello trinken musst. Wenn du auf den Kykladen bist, ist es unerlässlich, dass du nach Amorgos übersetzt, weil dich da ein Pater Theophil durch sein Kloster führt. Jedenfalls dann, wenn du **den wohlklingenden Namen deiner Freunde** erwähnst. In Brügge sollst du – «Das ist das Beste!» – am Groenplaats ins Hilton gehen und an der Bar nach Charly fragen. Der gibt dir einen Drink aus, sobald du von Anna und Felix erzählst.

☞ «Da musst du unbedingt hin», «Der Abstecher lohnt sich», «Das ist ein wunderbar einsamer Strand», «Geh nicht zum Vordereingang, sondern zur Seitentür», «Nur da darfst du Muscheln essen», «Und grüß den Winzer». Deine Freunde geben dir jede Menge Empfehlungen und **Geheimtipps** mit auf die Reise. Nicht nur, wenn du sie bittest. Sondern wenn du lediglich andeutest, wohin du reist. Gleich kramen sie die Bilder eigener Aufenthalte aus dem Gedächtnis, erinnern sich an Restaurants, versteckte Winkel, absonderliche Menschen und an spezielle Tricks, die Kurtaxe zu umgehen oder nach Kassenschluss ins Amphitheater zu klettern. Sie wünschen, dass du ihrer Route von damals folgst. Du sollst wenigstens schattenhaft nachempfinden, was ihnen damals Großartiges widerfuhr. Und sie bimsen dir ihre Ratschläge ein wie Vokabeln, die sie nach deiner Rückkehr abfragen werden. Du machst gehorsam Notizen.

☞ Doch den Tipps zu folgen erweist sich vor Ort als schwierig. Die Zeit hat eine verfälschende Patina über die Erlebnisse deiner Freunde gelegt. Da geht gar keine Fähre über den Sund, wo sie dir eine unvergessliche Fahrt versprochen haben. Der Delikatessenladen am Newski Prospekt – «Wer da nicht Piroggen probiert, weiß nichts von Petersburg» – serviert **schalen Plunder**. Und der elsässische Winzer – «Mit dem kannst du abends stundenlang zusammensitzen» – ist muffig und erinnert sich nicht an sie. Der Glorienschein, mit dem sie einstige Ausflüge verbrämen, er leuchtet dir nicht. Im Gegenteil. Der «kleine Abstecher» an den Weststrand von Vancouver Island entpuppt sich als öde Fünf-Stunden-Fahrt zu einer windzerzausten Bucht. Also, das fanden Daniel und Friederike schön, registrierst du leicht verbittert, bevor du die Rückfahrt antrittst.

☞ «Du musst unbedingt **meine Lieblingskirche** ansehen, San Miniato al Monte!», hat Julia dir auf den Weg nach Florenz mitgegeben. Während du den Monte emporsteigst kannst du leider die trampelige Julia nicht vergessen. Mag die Marmorfassade der Kirche auch Anmut und Charme haben, der Zauber ist verdorben. Muss das nun ausgerechnet Julias Kirche sein?

☞ Die Zeitangaben deiner Freunde stimmen nicht. Die Wegbeschreibungen, die sie mit einem prahlerischen «Kannst du gar nicht verfehlen» in die Luft skizzieren, führen in die Irre. Die Wanderempfehlungen erweisen sich als Folter. Und das wenige, was sie zu Recht anpreisen, verliert durch ihren erklärten Besitzsanspruch an Romantik. «Wir waren vor dir da», sagen sie mit ihren beschwörenden Ratschlägen. «Folge uns, **wir sind die Experten,** am besten, du siehst alles mit unseren Augen!» Aber das willst du nicht.

☞ Und tust es auch nicht. Du erkämpfst dir deine Selbständigkeit. **«Euer Hotel ist ja nicht so toll»,** sagst du mitfühlend nach deiner Heimkehr. «Ich habe zum Glück gleich ein besseres gefunden.» Und: «Im Getty-Museum hängt kein einziger Botticelli, schon gar keine ganze Wand voll, da habt ihr wieder was durcheinandergekriegt.» Noch besser: «In Brügge gibt es weder einen Groenplaats noch ein Hilton, das gibt's nur in Antwerpen, und da mixt zwar tatsächlich ein Charly Drinks, aber als ich euer Foto gezeigt habe, meinte er, ihr hättet noch **Schulden** bei ihm.»

☞ Und dann verrätst du ihnen, wo die Botticellis tatsächlich hängen, wie das wirklich gute Hotel heißt und wo ein Barkeeper Cocktails serviert, «bei dem ihr euch noch sehen lassen könnt». Und sonst: «Wenn ihr noch Empfehlungen braucht, dürft ihr gern fragen!»

Verpasste Highlights

Ein magisches Gesetz will es, dass du das Beste stets zuletzt entdeckst. Erst wenn du fortmusst. Trifft dieses Gesetz aufs ganze Leben zu? Dann musst du wiedergeboren werden. Auf Reisen jedenfalls gilt es.

☞ Das weißt du, seit du in Freiburg deine Zeit mit der Bewunderung gotischer Baukunst vergeudetest. Vor deiner Begleitung **prahltest du mit deinem Wissen** über Strebebögen, bis ein Passant einwarf: «Das hier ist neugotisch. Wenn Sie das Münster suchen – das ist da drüben!» Blitzartig wurde dir klar, warum die Fotos im Führer nicht so hundertprozentig mit der besichtigten Kirche übereinstimmten. Es war zu spät. Ihr musstet zum Bahnhof.

☞ So geht es. Nicht immer, aber schmerzhaft häufig. Du steigst in den Tourbus, in dem der Rest der Gruppe schon angeregt schnattert. Und aus dem Geschnatter klingt unangenehm deutlich die Begeisterung über ein «Hasenfenster» heraus. Hasenfenster? Was soll das denn sein? «Ja, hat man Ihnen das Hasenfenster nicht gezeigt? Das ist doch das Beste!» **Der Busfahrer hupt** bereits. «Können wir eben noch?» Nein. Die Türen zischen, der Motor heult, adieu. Beim nächsten Mal.

☞ **Du schaffst es**, eine ganze Burg zu besichtigen, ohne die Prunkräume zu finden; erst als du den Berg hinabsteigst, siehst du das Hinweisschild. Du steigst in Kyoto in den falschen Bus und versäumst deshalb Tempel und Kirschblüten. Du entdeckst beim Verlassen des öden Museums, dass es einen Rembrandt-Raum enthielt. Mit der Zeit wächst die Liste der Orte, an die du noch einmal fahren musst, weil du beim ersten Besuch so viel **übersehen** hast.

☞ Selbst wenn du auf einer Studienreise «Highlights» oder «Höhepunkte» gebucht hast, **verpasst du das Beste**, weil du an eine Gruppe gebunden bist und deine Zeit in Restaurants absitzt, in denen der Führer Provision einstreicht.

☞ Als Einzelreisender musst du feststellen, dass die Vergnügungsdampfer mit geschlossenen Gesellschaften ablegen und dass das Schloss **nur für angemeldete Gruppen** öffnet:

«Vor einer Stunde war eine da, der hätten Sie sich anschließen können.»

☞ Du kommst zwei Tage **zu spät** für den berühmten Spargel. Für die Austernsaison auf Land's End bist du **zu früh**. In Neuengland ist der Höhepunkt der Blattfärbung gerade vorüber. In Kopenhagen hast du das wochenlange Hoch um Haaresbreite verpasst. Jetzt setzt der Regen ein. Du ärgerst dich über die dreisten Preise des Tropariums. Man tröstet dich: Jeden Mittwoch ist der Eintritt kostenlos. Mittwoch war gestern.

☞ In New Orleans hörst du vom Hotel aus die Pauken und schleppenden Posaunen eines Trauerzuges. Ein Jazz Funeral! **Schnell hin!** Während du dich durch die Straßen kämpfst, verebbt die Musik in der Ferne. «Das gibt es hier jede Woche!», tröstet der Hotelportier. Nur leider nicht mehr während deines Aufenthaltes.

☞ Auf einem orientalischen Markt fühlst du dich nach langem Herumstehen genötigt, **eine Toilette** zu suchen. Als du zurückkehrst, geht die einmalige Vorführung des Schlangenbeschwörers gerade zu Ende.

☞ In einer anderen Stadt hättest du vom Hotel nur nach links abbiegen müssen statt nach rechts, schon wärst du im lebendigsten und charmantesten Viertel der Stadt gewesen. Du entdeckst es erst auf Umwegen **am letzten Abend**.

☞ Während du dich im Botanischen Garten gelangweilt hast, hat es auf dem mittelalterlichen Platz einen Wettstreit uralter Volkskunst gegeben. Es ist **wie damals** bei der Robbenfütterung im Zoo: Du trafst erst ein, als die Leute sich schon wieder zerstreuten.

☞ Du wohnst an der falschen Küste und siehst deshalb die schönsten Teile der Insel nicht. Im alten Stadtkern wan-

derst du wehmütig an anmutigen kleinen Pensionen vorüber; du wohnst in einem riesigen Kasten **am Autobahnring.**
Die berühmte Fado-Sängerin hat ihr zweiwöchiges Gastspiel
einen Tag vor deiner Ankunft beendet. In Florenz bist du zur
falschen Jahreszeit, in St. Germain sogar im falschen Jahr-
zehnt.

☞ Wenn du nach der Rückkehr noch einmal den Reiseführer liest oder eine Sendung über deinen Urlaubsort siehst,
beißt du dir auf die Lippen. **Das alles gab es dort?** «Es war so
schön», berichtest du deinen Bekannten, «wir müssen noch
mal hin!» Notfalls im nächsten Leben.

Höllischer Süden

Du lebst in einem Land, in dem es neun Monate im Jahr regnet. In den restlichen herrscht Bodenfrost. Deshalb kommst
du zuweilen auf eine verhängnisvolle Idee. In einem Anfall
von Wut und Verzweiflung buchst du eine **Sommerreise in
den Süden.** Jeder hier hat diese Idee, wenn auch nur einmal
im Leben.

☞ Rom im Juli. Du erinnerst dich. Alle Jalousien herunter-
gelassen, die Restaurants geschlossen, die Einheimischen
komplett nach Norden ins Exil gegangen. Der Urlaub bestand
aus **Verdampfen bei lebendigem Leib** und aus Warten, dass
er vorübergeht. Vermutlich warst du nicht im August in Madrid oder Athen, sonst wärst du nicht mehr in der Lage, diese
Zeilen zu entziffern.

☞ Aber du suchst eine südliche Insel auf. Die Landschaft ist staubig, die Vegetation verdorrt, der Asphalt wirft Blasen. Du hast gedacht, am Meer müsse es auszuhalten sein. Aber **das Land liegt da wie gelähmt**, die Vögel schweigen, nur Zikaden sind zu hören. Mit krebsrotem Gesicht wankst du Richtung Meer, stakst schreiend über glühende Steine und plumpst in die lauwarme Brühe. Dein Gefährte sitzt mit nassem Tuch auf dem Haupt im Schatten. Er kann sich nicht aufraffen, dir das Leben zu retten. Er ist in seiner Mattigkeit gerade noch in der Lage, nach Schlangen Ausschau zu halten, den einzigen intelligenten Lebewesen, die sich bei solchen Temperaturen bewegen.

☞ Immerhin schaffst du es, am folgenden Tag noch halb-wegs lebendig in der Kathedrale zu sitzen. Du blätterst in einem frommen Heftchen. Ja, du bist dankbar für den **küh-len Segen** der Kirche. Schön, dass du dich nicht scheust, die Arme bis zum Ellbogen ins Weihwasserbecken zu tauchen.

☞ Es gibt wenig Fluchtorte, wenn im Hotelzimmer die Hitze steht und die schattigen Museen geschlossen haben. Zur eigentlichen Urlaubsattraktion werden im Süden die klima-tisierten Bankgebäude. Wenn sie dichtmachen, bleiben noch Supermärkte, in denen das Obst auf Eis liegt. Du gräbst in deiner Not manche Truhe voll **tiefgefrorener Fische** um.

☞ Richtig herrlich, aber in dörflichen Gegenden rar, sind **klimaversiegelte Einkaufszentren**. Dort bekommst du eine Gänsehaut. Die Angestellten tragen leichte Wolljacken. Künstliche Polarwinde durchfegen die Hallen, damit du es schaffst, deinen Hitzekoller mit einer langwierigen Erkäl-tung zu kombinieren.

☞ So einen Eispalast zu verlassen ist dann die grausamste Mutprobe. Jenseits der Glastüren prallst du gegen eine Wand aus Glut. Auf dem Parkplatz spiegeln die Autos. Du hattest deinen Wagen im Schatten geparkt, mittlerweile steht er im Fokus der Sonne. Es riecht nach flüssigen Reifen. Die Autotür ist nur mit spitzen Fingern zu öffnen. Wer sich hinsetzt, riskiert Verbrennungen an den Unterseiten der Oberschenkel. Das Lenkrad befindet sich unmittelbar vor dem Schmelzpunkt. Wer hat den **Schokoriegel auf dem Rücksitz** liegen lassen? Egal. Die Kinder quengeln ohnehin nur noch. Sie wollen Eis, können aber nicht so schnell schlecken, wie es schmilzt. Durst? In der Flasche siedet das Wasser.

☞ Wer hat behauptet, Hitze sei **erotisierend**? Du erinnerst dich an den ersten Abend, als bei offenem Fenster warme Luft die Haut streichelte. Eine verwehte Fata Morgana. Mittlerweile ist die körpereigene Hormonproduktion verdorrt. Seit einer Woche bist du nicht aufs Klo gegangen. Unnötig. Alles verdunstet durch die Poren und hinterlässt lediglich **salzige Kristalle** auf der Haut. Auch am Haaransatz. Vom Gehirn ist jetzt eine Art Pulver übrig, wie die körnige Basis einer Gemüsebrühe. Auch nach langem Duschen wird es nie mehr die frühere Größe erreichen.

☞ Die verbliebenen Einheimischen, ausschließlich zahnlose Alte, beobachten durch halbgeschlossene Fensterläden, wie du dich durch die Gassen schleppst. Ja, ja, du bist der Doofe. Und **warum bist du hergekommen**? Wo es doch in deinem Land so schön kühl ist! Da regnet es neun Monate im Jahr. Wie herrlich, du Dummkopf!

Beglückende Beschwerden

Du bist dichterisch begabt und zugleich engagiert. Deshalb bist du Meisterin oder Meister im Erschaffen jenes Kunstwerkes, das jede gelungene Reise krönt. Freizeitforscher nennen es das Sahnehäubchen eines Urlaubs. Gemeint ist der **Beschwerdebrief**. Ohne Beschwerdebrief ist ein Urlaub einfach nicht vollständig. Und Reisen, die du auf eigene Faust unternimmst, bleiben unbefriedigend. Du weißt dann nicht, bei wem du dich beschweren sollst. Beim eigenen Partner, klar, aber von dem kriegst du kein Geld zurück. Es ist besser, wenigstens einen Teil der Reise bei einem Veranstalter zu buchen. Dieser Veranstalter ist dann von vornherein verantwortlich für alle Misshelligkeiten. Und es ist ein Genuss - Experten halten es für den letzten wahren Reisegenuss -, bereits in der Abflughalle mit dem Führen einer **Mängelliste** zu beginnen.

☛ Verzögert sich die Abfertigung? Sind die Lautsprecherdurchsagen unverständlich? Kippt der Koffer bereits auf dem Förderband? Begabte Autoren beginnen hier mit der Stoffsammlung. Bei der **Verspätung** rundest du nach oben auf. Der Transfer vom Ankunftsflughafen zum Hotel klappt bestimmt nicht reibungslos, vermutlich spricht auch niemand deutsch; das wird notiert.

☛ Im Hotel selbst beginnt das eigentliche Vergnügen. Das Zimmer ist zu klein. Der Ausblick nicht wie versprochen. Beim Öffnen des Fensters - wenn es sich denn problemlos öffnen lässt - strömt **Küchendunst** herein. Enthält der Duschabfluss noch Haare des unglückseligen Vorbewohners? Tropft der Wasserhahn? Fehlt in der Wanne der Haltegriff?

Stehen im Zimmer zwei Einzelbetten statt des versprochenen Doppelbettes? All das rechtfertigt Minderung.

☞ Kein Hotel ist leise genug. Lausche. Hörst du den Fahrstuhl? Schritte von oben? Entferntes Türenschlagen? Brummt die Klimaanlage? Schallen spätabends **Discobässe** über die Bucht oder gar aus dem hoteleigenen Night-Club? Wunderbar. Nach der berühmten Frankfurter Tabelle ist die Reise damit schon um die Hälfte billiger geworden.

☞ Wie sieht der Speisesaal aus? Wie in einer Jugendherberge? Gibt es nur Plastikstühle? Wird mittags **in Schichten** gegessen? Sind es die Speisen von gestern, die dich aus Aluminiumgefäßen wie heißer Schlamm anblubbern?

☞ Wenn du wieder ins Zimmer kommst, ist es inzwischen **gesäubert** worden? Oder sind die vergammelten Bananenschalen unterm Bett immer noch da?

☞ Moment, was war das?! Huschte da **etwas Schwarzes** die Lamperie entlang? Mag es auch nur der eigene Schatten gewesen sein – du notierst!

☞ Ein Beschwerdebrief kann gar nicht gesättigt genug sein mit **Fakten**. Und bekanntlich fälschen selbst Nobelpreisträger, wenn es der Forschung nützt. Also weiter.

☞ Ein kultureller Ausflug unter kundiger Führung. Wirklich kundig? Auch der deutschen Sprache? Oder weiß dieser sogenannte Guide lediglich, in welchem Schnellrestaurant er die beste **Provision** kriegt? Treibt er dich im Laufschritt durch die berühmten Ruinen, zwingt dich aber in Läden voller Nepp zum stundenlangen Aufenthalt? Danke, du schreibst mit.

☞ Auf dem Rückweg zum Hotel kommst du an einer **Baustelle** vorbei. Ah! Ist sie deinem Zimmer vielleicht nahe genug, um zum Preisnachlass zu berechtigen? Aber ganz bestimmt! Betonmischer zehn Prozent, Kreissäge zwanzig Prozent, Dampframme dreißig. Musst du jetzt überhaupt noch etwas bezahlen?

☞ Ein Blick in den Hotelpool: zu schmutzig oder zu verchlort. Ein paar Schritte am Strand entlang: vermüllt oder veralgt. Das sollte dann reichen. Jetzt lässt du die Mängelliste noch von gleichgesinnten Zeugen **abzeichnen** und verabredest dich mit ihnen, dass sie einen nahezu gleichlautenden Brief an den Veranstalter schreiben.

☞ Und nun freust du dich nur noch auf die Verspätung beim Abflug, auf die Zwischenlandung trotz zugesagtem Nonstop-Flug, und du kannst diese Reise mit hohem Gewinn abschließen. Das **künstlerische Verfassen** des Beschwerdebriefes am heimischen Schreibtisch ist dann höchster kreativer Genuss im Sinne der großen Klassiker. Besonders wenn du ihn mit Formeln schmückst, die deine ganze Macht bedrohlich in die Höhe wachsen lassen («nie wieder», «werde alle warnen»). Der Postbeamte beugt sich in Ehrfurcht, wenn du das «Einschreiben mit Rückschein» vorlegst.

Düstere Heimkehr

Die Heimkehr von einer Reise ist immer zwiespältig. Natürlich bist du froh, nach Hause zu kommen. Endlich wieder einen Schrank voller Wäsche zu haben. Ein Telefon, bei dem kein Hotel abkassiert. Einen geräumigen Kühlschrank. Eine leibhaftige Waschmaschine. Einen Fernseher mit unverschmierter Fernbedienung. Du freust dich, nun ja, auf deine Nachbarn, jedenfalls auf einige.

☞ Und schon beschleicht dich **ein banges Gefühl**, wenn das Taxi in deine Straße biegt. Der Fahrer hat dich über das Wetter und die Politik der vergangenen Wochen umfassend informiert. Du hast wenig verpasst. Es ändert sich eben nicht viel. Auch das Haus steht noch. Das ist beruhigend. Aber wie mag es drinnen aussehen?

☞ Dunkel erinnerst du dich, dass du einiges unvollendet zurückgelassen hast, nicht nur die Steuererklärung. Welche unbehaglichen Briefe sind mittlerweile eingetroffen? Hat überhaupt jemand **die Post reingenommen**? Oder hat Frau L. wieder den Schlüssel an Herrn K. weitergegeben, weil sie plötzlich verreisen musste, und der ist dann übers Wochenende zu seinen Verwandten gefahren und etwas länger geblieben, weshalb er den Schlüssel an Frau T. geschickt hat, die aber gar nicht da war?

☞ Wenn du die Wohnung aufschließt, schleifen Zeitungen und dicke Briefe über den Boden. Die Benachrichtigungskarten für **sehnlichst erwartete Päckchen** sind abgelaufen. Der Geruch wirkt muffig. Du kommst aus einem aufgeräumten Hotelzimmer. Jetzt fällt auf, dass sich bei dir die Teppichkanten hochbiegen. Der Spiegel hängt schief. Überhaupt, Renovieren wäre nicht schlecht. Aber in ein paar Tagen wirst du das nicht mehr sehen.

☞ Im Schlafzimmer steht **das Fenster offen**. Der Verfärbung des Fußbodens nach augenscheinlich schon seit geraumer Zeit. Tatsächlich seit deiner Abreise? Wenn du eine nahezu erwachsene Tochter hast, die in ihrer WG nicht ganz glücklich ist, wirst du auf weitere Indizien stoßen. Sie sollte eigentlich die Blumen gießen, das hat sie auch getan, aber leider erst vor einer Stunde. Alle Pflanzen sind **vertrocknet**, stehen aber knietief im Wasser. Falls du einen Sohn zurückgelassen hast, musst du jetzt eine vereidigte Raumpflegerin zu Erste-Hilfe-Maßnahmen rufen.

☞ **Katzenhaare** auf dem Sofa. Woher kommen die? Dann muss der Schlüssel jetzt bei Frau R. sein. Niemand sonst hat einen haarenden Liebling. Dann hat diese reizende Nachbarin hier die Krankenhausserie gesehen, als ihr Mann daheim auf Sport bestand. Und hat sie dabei Ketchup gelöffelt? Oder weisen diese sonderbaren Spuren auf ein geheimes Verbrechen?

☞ **Kein Papier mehr** im Drucker. Jemand aus der Familie oder von den Schlüsselverwaltern hat es aufgebraucht. Die Notfall-Pizzen und Fischstäbchen aus dem Tiefkühler sind verschwunden, nur noch eine Packung Rotkohl ist da. Der Anrufbeantworter verzeichnet dreiundfünfzig Nachrichten, davon einundfünfzig von Tante Inge, der du große lesbare Zettel in ihr **Seniorenapartment** geklebt hast – sie hat trotzdem nicht begriffen, dass du verreist bist. Ihre Nachrichten klingen von Mal zu Mal griesgrämiger, in der letzten kündigt sie an, sie werde dich enterben.

☞ **Das Auto** ist nicht aufgebrochen worden, aber jemand hat daneben einzuparken versucht. Zur Hölle mit ihm. Du musst dich anderswo rächen. Der Motor hustet. Aber das liegt daran, dass du das Kuppeln vergisst; der Urlaubs-Leihwagen hatte Automatik. Ein befremdeter Blick zum Mülleimer: Der ist mit weißer Farbe bekleckert. Irgendwer in der Gegend hat renoviert und deine verwaiste Tonne genutzt. Noch hat der Alltag nicht begonnen, schon spürst du, wie die Erholung milligrammweise abhandenkommt.

Erfreulicher Neid

Jede Reise ist enttäuschend. Deshalb müssen die andern glauben, dass du glücklich warst, während sie im Regen saßen. Sie haben sich über Hotel, Organisation und Wetter geärgert und formulieren gerade ihre Beschwerdebriefe. Du hingegen hast die pure Idylle erlebt. Sie sind gerädert. Deine Erholung wird noch Jahre vorhalten. Zwar war deine Fahrt durch den Mittelwesten sterbenslangweilig. Doch nun kommst du ins Schwärmen: «Diese unglaubliche Weite! Man wird innerlich ganz still!» Im Süden brannte die Sonne so unbarmherzig, dass du nicht barfuß laufen konntest. «Aber diese südliche Sonne», jubelst du jetzt, «dieses unvergleichliche Licht!» Im Norden ließ dir die Kälte das Haar ausfallen: «Diese Klarheit! So etwas gibt es hier gar nicht!» Und wenn der Sturm dich unbarmherzig gepeitscht hat, frohlockst du: «Herrlich, sich mal so richtig durchblasen zu lassen!»

☞ Egal, was du erlebt hast, es war wieder mal **perfekt für dich** gemacht. So berichtest du es jedenfalls deinen schluckenden Zuhörern. «Ich weißt selbst nicht, warum ich immer so viel Glück habe.» Die Luft war lau. Die Berge schimmerten. Das Wasser hatte die perfekte Temperatur. Vom Rummel war nichts mehr zu merken, nirgends Warteschlangen, keine besetzten Tische. Strand und Pool hattest du praktisch für dich allein. Wo immer du auftauchtest, war man glücklich, dich zu sehen. Im Hotel wurdest du per Upgrade in die Präsidentensuite umgebucht. Du kannst es dir selbst nicht erklären, «vielleicht war ich dem Direktor so sympathisch». Deine lauschenden Freunde erblassen.

☞ Auf dem Schiff saßt du **stets am Kapitänstisch**. Das Essen hatte fünf Sterne, nur reiste der Koch am letzten Tag ab, schade für alle, die nach dir kamen. Als du die alte Kathedrale betratest, fing der Chor just an zu singen, nur für dich, und dazu brach ein Sonnenstrahl durch die Wolken und leuchtete durch die alten Fenster. «Es war mystisch!» **Deine Freunde winden sich** vor Qual. Das gibt dir Auftrieb. Du warst im letzten Auto, das auf die Fähre gelassen wurde. Alle hinter dir mussten zurück und eine Übernachtung suchen. Die Alhambra hattest du erstaunlicherweise für dich allein. «Keine Ahnung, wo die anderen Leute waren.» In Disneyland wurde die Sperre hinter dir zugeschlossen.

☞ Ob du mal trübes Wetter hattest? Nein. Höchstens am Tag, als du sowieso in den Uffizien warst. Ach ja, und andere, die mit dir reisten, die hatten leider ein wenig Pech. Einer trat in einen Seeigel, eine Dame wurde beklaut, eine zweite verdarb sich den Magen, für eine Gruppe waren die Koffer nicht mitgekommen, andere litten bis zum Ende unter der Zeitumstellung, es gab Knöchelbrüche zwischen Säulenstümpfen, Schlaflosigkeit in stickigen Zimmern, verpasste Anschlüsse. Aber, komisch, nicht bei dir. «Ich habe ja immer Glück, ich weiß auch nicht, wieso.» Deine Zuhörer tun so, als ob sie sich freuen. Innerlich leiden sie **unter Krämpfen**. Also weiter.

☞ Sämtliche Touristen vor dir hatten sich vergeblich auf Whalewatching-Fahrt begeben. Wochenlang war nicht mal eine Schwanzflosse zu sehen gewesen. Als du kamst, tauchte prompt eine ganze Herde auf und vollführte Sprünge und Spiele. «Der Ranger selbst staunte, so was hatte er noch nicht erlebt.»

☞ Es ist halt so, wenn du kommst. Der Landbevölkerung leuchteten die Augen. Ungläubig vor Staunen berührte man deine Kleider. «Das ganze Dorf hat um mein Auto rumgestanden. So was hatten die noch nie gesehen.» Im Blockhaus im Värmland kam jeden Abend ein Elch, um sein Geweih an deiner Tür zu schaben. Auf der Safari schlichen Löwen um dein Zelt und schnaubten in den Eingang. **Deine Freunde ringen jetzt um Luft.** Du darfst nicht zu weit gehen.

☞ Nur noch dies: **Prominenz ist dir eigentlich gleichgültig,** aber wie der Zufall es so wollte, fuhr gerade die Königsfamilie vorbei, als du in Stockholm die Straße überquertest. Tja. Und als du in der Lounge saßest, fing ein Gast ein Gespräch mit dir an. «Er war wohl ein Schauspieler, Anthony Hopkers oder so, ich weiß nicht, kennt ihr den?» – «Anthony Hopkins?» – «Ja, genau! Soll recht bekannt sein, aber ich sehe ja nie fern. Na ja, der hat mich eingeladen, mit seinem Chauffeur einen Ausflug zu machen. Im nächsten Jahr soll ich auf seinem Schloss wohnen.»

☞ Vorsicht jetzt, nicht zu sehr übertreiben! Die Zerknirschung der anderen ist ein genauer Gradmesser, wie weit du gehen darfst. Sie sollen lediglich das Gefühl haben, dass du **von den Göttern begünstigt** wirst, während sie ihre Reise in den Sand gesetzt und **ihr Leben verfehlt haben.** Das sollen sie glauben. Mehr willst du ja gar nicht. Ist das unbescheiden? Von einer mittelmäßigen Reise darf man das wohl erwarten.

Die 10 häufigsten Souvenirs, die Fernreisende mit nach Hause bringen

- Norovirus
- Salmonellen
- Denguefieber
- Leishmaniose
- Malaria
- Ross-River-Virus
- Orientbeulen
- Bakterienruhr
- Bilharziose
- Hautmaulwurf

Kleine Übung für lästige Gäste

Freunde und Familie sind das Wichtigste im Leben – wenn sie weit genug entfernt wohnen. Ansonsten gehen einem Familienmitglieder durch Heiterkeit und Optimismus schnell auf die Nerven. Für sie haben wir eine Übung vorbereitet, die seit Jahrhunderten von den ehrwürdigen Lamas in den tibetischen Klöstern praktiziert wird. Wir machen sie mit unserem aufstrebenden Schwager, unserer gedopten Schwester oder unserer unverwüstlichen Mutter.

1. Setze oder lege dich hin. Schließe die Augen. Nimm deinen Körper ganz bewusst wahr. Gehe mit deiner Aufmerksamkeit in die Füße, spüre die Zehen, akzeptiere sie, nimm sie an, auch die mit eingewachsenen Nägeln, die Hornhaut, die Hühneraugen. Nun gehe behutsam aufwärts mit deiner Wahrnehmung über die schmerzenden Achillessehnen zu den knirschenden Knien, fühle dich hinein in den zerfaserten Meniskus – vielleicht magst du auch kurz schweigend mit ihm sprechen –, dann spüre weiter die Oberschenkel hinauf, dann lässt du lieber etwas aus, was sowieso schon lange nicht mehr – aber lassen wir das –, hinauf zum Bauchnabel und dem wollflusigen Rest, den er enthält. Dann die Falten des Bauches hinauf, schaue in jede einzelne Falte hinein, dann nimm auch die inneren Organe wahr und die mürben Steine, die sich in den Nieren und in der Gallenblase allmählich verfestigen. Gehe achtsam zum Rücken und zu den Bandscheiben, die zwischen den Wirbeln herausgequetscht werden, spüre die schiefe Wirbelsäule, ermutige sie dazu, so zu sein, wie sie ist, dann nimm den angespannten Hals wahr, den verhärteten Nacken, spüre deinen Mund, den Belag auf der Zunge und die Zähne, wie sich ein leiser Schmerz in ihnen steigert. Nimm schließlich den kreiselnden Brummschädel wahr und die schüttere Haut mit all ihren Haarwurzeln, die all die Haare, die sich davonstehlen wollen, nicht mehr halten können.

2. Jetzt bist du ganz entspannt. Spüre nun deinen Atem und wie der Luftstrom dünner wird in der verengten Luftröhre – ja, schlucke gern einmal! Spüre aber nun den Unterbauch, wie er sich unförmig wölbt, wenn du atmest, spüre die Brust, die flach bleibt, weil sich aus Angst die verhärteten Muskeln wie ein Panzer darumgelegt haben. Denke nun an all die Schadstoffe, die du im Laufe deines Lebens eingeatmet hast, an die Abgase aus den Autos und den Ruß aus Schornsteinen, denke an den Rauch deiner Zigaretten und mehr noch an den

Rauch, den du unfreiwillig von anderen einatmen musstest. Stelle dir bildlich die feinen Verästelungen der Lunge vor, wie sie allmählich dunkler geworden sind. Sprich ihnen einen letzten Trost zu. Spüre den Atem jetzt in der Nase: Du atmest frische Luft ein und atmest feuchte und verbrauchte wieder aus.

3. Und nun visualisiere den Himmel. Stelle dir die Sonne vor, wie sie strahlt, frei und ungehindert. Und nun nimmst du wahr, wie du ausatmest und dein Atem als trüber Dunst hinaufsteigt und wie er sich sammelt zu grauen Wolken, die sich zusammenschieben und ballen und nach und nach den Himmel verdecken. Jetzt verdunkeln sie auch die Sonne. Siehst du es? Spürst du es, wie es kälter wird, hier um dich herum? Du kannst es nicht ändern. Solange du weiteratmest, steigt immer mehr Schwärze auf von dir. Das Sonnenlicht erreicht dich längst nicht mehr. Ja, es ist kalt. Es ist dunkel um dich geworden. Du bist allein, einsam in schwarzer Nacht. Danke. Bleib so. Wir anderen gehen jetzt feiern.

MISSGESCHICK ÄLTERWERDEN

Du bist jetzt schon geizig, grantig und voller Misstrauen. Das ist gut. Und es wird sich steigern. Aber bis dahin, bis die Ablagerungen in deinen Adern deinen Verstand endgültig lahmlegen und die Plaques in deinem Gehirn keinen vernünftigen Gedanken mehr zulassen, kannst du dich noch aufregen. Über alle, die seniler sind als du. Über Ältere. Und du hast recht. Es gibt eindeutig zu viele davon.

So stören Ältere

- Sie rufen dich an.
- Sie erzählen von ihren Gebrechen.
- Sie erzählen, was sie gegessen haben.
- Sie kommen zu Besuch.

- Sie essen langsam.
- Sie bleiben so lange auf dem Klo, dass du zu lauschen beginnst.
- Sie erinnern sich an schöne Zeiten.
- Sie beschreiben die Gegend, wie sie früher mal war.
- Sie erzählen von ihren eigenen Eltern.
- Sie behaupten, sei seien in ihrer Jugend ziemlich wild gewesen.
- Sie stehen nicht auf, sondern bleiben auf deinem Sofa sitzen.
- Sie rezitieren Gedichte, die sie in der Schule gelernt haben.
- Sie rühmen sich, sie hätten ein gutes Gedächtnis.
- Sie wollen dir beibringen, wie man maßhält.
- Sie erwähnen während eines Films die Namen verstorbener Schauspieler.
- Sie zählen die Regierungschefs ihres Lebens auf.
- Sie erzählen von längst begrabenen Verwandten.
- Sie preisen Fußballspieler einer goldenen Ära.
- Sie halten ihre alten Gewohnheiten für Lebensweisheit.
- Sie können die ersten drei Strophen von Weihnachtsliedern.

So rächst du dich

Mit diesen total gut gemeinten Ratschlägen kannst du Alten gehörig auf den Keks gehen:

- Du solltest mehr Wasser trinken.
- Du musst häufiger spazieren gehen.
- Versuche wenigstens, dich gesund zu ernähren.
- Zieh Schal und Mütze an.
- Ein Glas Wein genügt.
- Versuche bitte nicht, dir selbst die Fußnägel zu schneiden.
- Iss lieber frisches Obst und Gemüse statt Schokolade.
- Du solltest dich mal wieder durchchecken lassen.
- Lass das Auto lieber stehen.
- Überlass das den Jüngeren.

Sieben nervtötende Irrtümer, die deine Mutter von sich gibt

- Die anderen legen großen Wert auf meine Meinung.
- Man ist so alt, wie man sich fühlt.
- Ich habe ein interessantes Leben gehabt.

- Ich bin stets interessiert und offen.
- Meine Erfahrungen können jungen Menschen helfen.
- Ich bin ein guter Erzähler.
- Ich sehe jünger aus, als ich bin.

Drei Sprüche, mit denen du Alternde nerven kannst

«Der zweite Frühling beginnt mit den dritten Zähnen.»
Walter Matthau, Schauspieler

«Das Alter schützt nur deshalb vor Torheit, weil man dafür zu schwach ist.»
Alan Ayckbourn, Dramatiker

«Das Alter ist kein Reifungsprozess, es ist ein Massaker.»
Philip Roth, Schriftsteller

Deine Eltern sind übermütig? Lies ihnen was vor

Und zwar dies. Herodot war ein bedeutender griechischer Historiker. Er lebte vor zweieinhalbtausend Jahren. Damals gab es in Athen – wie heute in Deutschland – eine beunruhigend große Zahl von Alten. Es waren zu viele. Auf der Suche nach Wegen zu ihrer **Entsorgung** wurde der Historiker Herodot bei ursprünglichen Völkern fündig. Zitat: «Bei Naturvölkern ist die Sitte verbreitet, dass die alten Leute, die nicht mehr arbeitsfähig sind, von ihren Kindern getötet, in manchen Fällen sogar **verzehrt** werden. Das gilt als geheiligte Sitte, der niemand sich zu entziehen versucht. Die Massageten (ein Volk am Kaspischen Meer) preisen jeden glücklich, dem dies Ende beschieden ist. Und sie beklagen die durch Krankheit Gestorbenen, weil die nicht zum Opfertod gelangt sind. Für einen Troglodyten (Volk am Roten Meer) ist es, wenn er alt geworden ist, Pflicht, sich selbst zu **erhängen**. Und wenn er sich sträubt, wird er von einem beliebigen Stammesgenossen zur Rede gestellt und erdrosselt.» So weit Herodot. Und so viel zum Leben im Einklang mit der Natur. Du magst deinen umweltbewussten Eltern vielleicht ein Trostwort nachreichen: «Zum Glück sind wir ja kein naturverbundenes Volk.»

Falls du selber älter wirst: So nabelst du dich von deinen Kindern ab

Falls du Kinder hast, können sie nicht anders sein als großartig. Allerdings nicht ganz so großartig wie du. Zum Beispiel sind sie bequemer, als du es warst. Du hast früh um Unabhängigkeit gekämpft. Du warst selbständig. Deine Kinder lassen sich Zeit. Selbst wenn sie schon länger ausgezogen sind, betrachten sie die elterliche Wohnung, deine Wohnung, als ihren Besitz. Alles soll ihnen zur Verfügung stehen. Das nervt. Nerv zurück.

☞ Es beschleunigt den Abnabelungsprozess, wenn du an deinem eigenen Geburtstag **auf Reisen** gehst. Und auch an ihrem Geburtstag, am Geburtstag der Kinder.

☞ Die Kinder haben noch einen **Schlüssel**? Riegel vorschieben. Sie sollen klingeln. Sollen sich vorher anmelden. Hochbegabt, wie sie nun mal sind, werden sie das lernen, mag es auch Jahre dauern.

☞ «Könnt ihr das **Meerschweinchen** nehmen?» Nö. Auch nicht in den Ferien. Nicht mal, wenn niemand sonst es nehmen will. Überhaupt nicht mehr. Niemals. Dasselbe gilt für Hunde, Hamster, Rennmäuse, Wellensittiche, Schildkröten, Pferde und Kopfläuse.

☞ Selbst wenn die Kinder längst ihr eigenes Geld verdienen, finden sie es preiswerter, deine **Vorräte an Duschgel** und Cremes zu plündern. Ganz zu schweigen von Kühlschrank und Weinkeller. Notfalls musst du die Vorräte verstecken. Oder Rechnungen schreiben.

☞ **Die Post** kommt immer noch an die alte Adresse, also an deine? Kühl zurückgehen lassen. Auf keinen Fall öffnen. Besonders nicht die Mahnungen wegen falschen Parkens oder überhöhter Geschwindigkeit. Nimm keine Überweisungen für die Kinder vor.

☞ Die Hemden der Lieblinge sind **ungebügelt**? Zu schade. Die Fenster ungeputzt? Echt bedauerlich. Die Wäsche ungewaschen? Ja, sieht man. Maximum der Hilfe: Du schenkst ihnen zum Geburtstag ausgesuchte Kataloge von Waschmaschinenherstellern.

Deine Kinder wissen dich eh nicht zu schätzen. Das können erst die Enkel.

Kurze Gebrauchsanweisung zum Enterben unfolgsamer Kinder

«Du bist enterbt!» Hast du schon mal gehört. Im Film. Klingt auch gut. Aber ist es auch möglich? Kinder sollen ja ruhig was erben. Schon damit sie dankbar an ihre Eltern zurückdenken. Aber es kann mal sein, dass du ihnen mit Enterbung drohen musst. Das geht ohne wilden Wortwechsel. Ohne Anwaltsgespräch. Viel wirksamer: einfach die folgenden Schritte kopieren und, wenn das unfolgsame Kind zu Besuch kommt, auffällig auf dem Schreibtisch liegen lassen.

Enterben – aber richtig!

Das Oberlandesgericht Frankfurt hat in einem Grundsatzurteil (Az. 4 U 208/04) die Enterbung von Nachkommen für rechtens erklärt. Der Vater eines artigen und eines unartigen Kindes kann das unartige enterben. Gewöhnlich steht dem unartigen noch ein Pflichtanteil zu. Doch selbst der lässt sich umgehen.

☞ **Der Pflichtanteil** besteht in der Hälfte des gewöhnlichen Erbes. Beispiel: Der verwitwete Vater hat eine liebe Tochter und einen bösen Sohn. Er setzt die Tochter als Alleinerbin ein. Sie bekommt nun drei Viertel des Gesamterbes. Der Sohn, dem gewöhnlich die Hälfte zugestanden hätte, bekommt nun nur noch ein Viertel. Das ist der Pflichtanteil.

☞ Dieser Pflichtanteil kann aber auch noch **wegfallen**. Dann nämlich, wenn der Vater in seinem Testament einen plausiblen Grund nennt. Als Grund reicht nicht, dass der Sohn immer an die falschen Frauen gerät. Ebenfalls nicht plausibel genug: «Mein Sohn hat mich enttäuscht.» Es muss schon heißen: «Mein Sohn hat mich betrogen.» Oder: «Er hat mich handfest bedroht.» Die Vorwürfe sollten räumlich und zeitlich möglichst präzise benannt werden.

☞ Es geht auch ohne Niederschrift. Denn was zu vererben ist, kann schon **vorher überschrieben**, transferiert und weggeschenkt werden. Rechtzeitig damit anfangen und in Rücksprache mit dem folgsamen Kind vorgehen. Als Pflichtanteil des unfolgsamen Kindes sollte am Ende nicht mehr übrigbleiben als die Briefmarkensammlung «Deutschland nach 1945».

Fertig! Diese paar Absätze kopieren und unauffällig herumliegen lassen. Folgsame Kinder garantiert.

Drei Sprüche, mit denen du Jüngere nerven kannst

«Geiz ist die Garantie für ein langes, frohes Leben.»
Sean Connery, schottischer Schauspieler

«Jugend ist eine vorübergehende Geisteskrankheit, die durch Alter heilbar ist.»
Truman Capote, Schriftsteller

«Am ältesten werden die Streitlustigen, Zank und Wortgefechte sind Wundermittel zur Steigerung der Vitalität.»
Jean Cocteau, Künstler

Neun erfreuliche Zeichen für deine wachsende Altersweisheit

- Du wählst Veranstaltungen, die früh zu Ende sind.
- Die Nachbarn kriegen nichts von deiner Party mit.
- Immer mehr Fernsehkrimis kommen dir total unlogisch vor.
- Du stehst im Keller und weißt nicht mehr, warum du runtergegangen bist.
- Du gehst dreimal um den Block, bevor du das Auto findest.
- Dich beschleicht abends das Gefühl, du müsstest nach Hause, obwohl du im Wohnzimmer sitzt.
- Du meldest dich am Telefon mit dem Namen der Firma, bei der du vor dreißig Jahren angestellt warst.
- Du spazierst mit einem festen Ziel los und kommst ganz woanders an.
- Eine freundliche Dame zeigt dir, wo du wohnst.

Deine 21 nervigsten Wiedergeburten

In diesem Leben hast du dich halbwegs gut benommen – als Hungergeist wirst du also nicht wiedergeboren. Zum Dalai Lama reicht es allerdings auch nicht. Du kannst nicht mal aus dem Wiedergeburtskreislauf aussteigen. Sorry. Du musst dich erneut inkarnieren. Hier eine Übersicht, als was du beim nächsten Mal wiederkommen wirst. Mehr ist nicht drin:

- männliches Küken
- Hund in China
- Nashorn in Südafrika
- Balletttänzer in Kabul
- Gans in Polen
- Tiger auf Sumatra
- Knabe auf der Odenwaldschule
- Orca bei Oceanworld
- Garnele in vietnamesischer Aquakultur
- Adoptivtochter bei Woody Allen
- Getreidemotte im Bioladen
- Mahagonibaum in Amazonien
- Albino in Zentralafrika
- Blauwal in der Bucht von Kobe
- Störweibchen im Kaspischen Meer
- Schleimpilz im Totholzbiotop
- Zobel in einer Pelztierfarm
- Richter auf Sizilien
- Giraffe in einem dänischen Zoo
- Schaf in der Lausitzer Wolfsregion
- Genmais im Wendland

DAS NERVT MICH TOTAL:

DAS NERVT MICH TOTAL:

DA MUSS ICH KOTZEN:

DA MUSS ICH KOTZEN:

Was passiert, wenn man auf Spam reagiert?

Spam wird gelöscht und lässt sich erstaunlich gut filtern – dabei sind die unerwünschten Mails häufig sehr unterhaltsam. Doch was passiert, wenn man tatsächlich eine der angebotenen Waren bestellen oder eine der abstrusen Dienstleistungen in Anspruch nehmen will? Sue Reindke hat mit den Anbietern Kontakt aufgenommen – mit überraschenden und vor allem sehr witzigen Ergebnissen.

rororo 61125